Angélique Aufrere de l'univers d'**Ange Line**

MISSION BUDGET

LA MAGIE DES ENVELOPPES

Illustrations : QueenMama (@queenmamastyle)

LA MAISON
hachette
PRATIQUE

Sommaire

Sommaire

À vos budgets… prêts, PARTEZ !!!
TOP DÉPART

Je m'appelle **Angélique**, je suis mariée et j'ai deux enfants. Je suis originaire de Bordeaux mais à l'âge de 26 ans j'ai eu envie de voir autre chose et je suis montée à Paris (toute seule !). Dix ans, un mari et deux enfants plus tard, je me suis installée à Rouen.
Pendant des années, j'ai travaillé en boulangerie : d'abord comme vendeuse, puis, après avoir gravi les échelons un à un, comme directrice de magasin, à la tête d'une équipe de vingt personnes.
Au fil des années, et pour des raisons diverses, mes objectifs ont changé et mes envies évolué.
Je suis fière d'avoir été **la première** à partager, **en France** et sur **YouTube**, cette **méthode de gestion du budget** à base d'**enveloppes**. Mais je suis encore plus fière d'avoir aidé des milliers de personnes à **mieux gérer leurs dépenses**, et même à faire des **économies** !
Cela fait maintenant deux ans que je me consacre entièrement à cette méthode, que ce soit par le biais de ma chaîne YouTube ou en proposant des **suivis personnalisés**. Chaque jour, vous êtes de plus en plus nombreux à me témoigner votre confiance et à me confirmer le succès de cette formule. Vous me posez aussi beaucoup de **questions**, me demandez de nouvelles **astuces** et me réclamez de nouveaux **défis**.
Pour toutes ces raisons et pour partager toujours plus avec vous, j'ai décidé de faire ce livre, pour vous expliquer pas à pas comment apprendre, vous aussi, à dépenser moins et mieux. Ensemble, nous allons franchir une à une toutes les étapes qui vous permettront de vous réconcilier enfin avec votre budget.
Comme vous, j'ai une famille à faire vivre, un logement à payer, un quotidien à assurer. Comme vous, j'ai aussi des envies, des rêves, et une soif de croquer la vie. Alors, si mes comptes et moi-même avons pu atteindre l'équilibre, vous pouvez tout à fait en faire autant ! On y va ?! **À vos budgets... prêts, partez !**

Angélique

Comment m'est venue l'idée des enveloppes

La méthode au fond n'est pas nouvelle. Souvenez-vous : à l'époque de nos grands-parents, il était monnaie courante (sans jeu de mots !) de tout payer en espèces. Au moment de faire leurs courses, nos grands-mères limitaient leurs dépenses à la somme dont elles disposaient dans leur portefeuille. Cette habitude leur permettait de « tenir leur budget » et de définir clairement la sortie du moindre centime. L'arrivée des moyens de paiement dématérialisés a rendu l'argent plus abstrait... et les dépenses moins concrètes.

J'en ai fait moi-même l'expérience. Sans rouler sur l'or, mon mari et moi gagnions confortablement notre vie. Mais nous n'arrivions pas à mettre de l'argent de côté.

Je pensais maîtriser mes dépenses : je notais mes revenus, mes prélèvements et je me disais « OK, il me reste tant pour le mois »... Et c'est tout ! Je regardais mon compte régulièrement mais je ne suivais pas ce que je dépensais. Je pensais juste pouvoir mettre de côté ce qu'il resterait. Le problème, c'est qu'à la fin du mois, il ne restait plus rien ! Nous n'avions plus un euro et pourtant nous n'avions rien fait de spécial. Nous étions incapables de dire où était passé notre argent. J'avais bien réalisé qu'il y avait un problème mais je ne faisais rien pour y remédier... faute de savoir comment m'y prendre.

Comme pour beaucoup, le premier confinement en 2020 a déclenché une prise de conscience. Mon mari et moi avons réalisé que nous consommions trop, ou du moins

Au mois ou à la semaine ?

J'ai commencé à prévoir mes montants pour un mois. Mais je me suis rendu compte qu'à la fin, mes enveloppes étaient vides : on a toujours tendance à dépenser plus lorsqu'on vient de toucher son salaire. Répartir son budget par semaine permet d'avoir de l'argent jusqu'à la fin du mois ! Pour chaque catégorie, il suffit de prendre son budget mensuel et de le diviser par le nombre de semaines. Chaque fin de week-end (par exemple), on place alors la somme définie dans les enveloppes correspondantes : cela permet de savoir précisément, chaque semaine, de combien on dispose pour chaque catégorie de dépenses.

mal et n'importe comment, puisque nous étions incapables de savoir où disparaissait notre budget. Je me suis donc penchée sur le sujet (j'avais le temps puisque nous étions confinés !). En explorant le web et YouTube, j'ai découvert plusieurs chaînes qui m'ont inspirée et qui ont surtout provoqué un déclic. Le système des enveloppes y était évoqué parmi d'autres. J'ai essayé de le mettre en place mais, tel quel, il ne me convenait pas. J'ai donc décidé de l'adapter à mes besoins et, surtout, de l'approfondir et de le structurer. Je me suis appuyée pour cela sur des exemples américains et j'ai fait un mix de toutes les méthodes que j'avais pu découvrir.

> Sans rouler sur l'or, mon mari et moi gagnions confortablement notre vie. Mais nous n'arrivions pas à mettre de l'argent de côté.

Je suis vite devenue « accro » à ce système qui me permettait non seulement d'avoir de l'argent dans toutes mes catégories de dépenses jusqu'à la fin du mois, mais aussi, et c'était le plus incroyable, de mettre de l'argent de côté ! Le tout sans me priver ni renoncer aux petits plaisirs de la vie ! En fait, nous dépensions différemment : mieux et de façon plus réfléchie. Aujourd'hui, cette méthode s'est ancrée dans nos habitudes. Elle nous permet de respirer et de vivre mieux. Beaucoup mieux, même, qu'à l'époque où nous gagnions plus d'argent.

La base reste la même pour tous. À chacun ensuite de se l'approprier, de l'adapter en fonction de ses revenus, de son foyer et de sa façon de vivre.

Il s'agit ni plus ni moins de prendre conscience de son budget.

Chacun de nous travaille dur pour gagner son salaire : il est donc impensable de ne pas savoir où il disparaît.

La méthode des enveloppes : qu'est-ce que c'est ?

C'est un moyen de gérer son budget en le divisant par catégories. Cette façon de procéder permet non seulement de fixer clairement le cadre de ses dépenses mais aussi de réaliser concrètement où part son argent.

L'idée est de constituer une enveloppe pour chaque catégorie et d'y répartir ensuite un certain montant pour une durée déterminée (généralement une semaine ou un mois).

On commence par retirer de son budget (c'est-à dire de ses rentrées d'argent) tout ce qui concerne les charges fixes (loyer ou crédit, prélèvements de type électricité, chauffage, téléphone, assurances, etc.). Cette somme est pour ainsi dire « bloquée » : elle reste sur le compte et n'entre pas dans la répartition des enveloppes.

Une fois cette somme déduite du budget total, on utilise ce qu'il reste pour catégoriser et budgétiser toutes ses dépenses du quotidien : alimentation, loisirs, shopping, entretien, etc. On essaye aussi d'anticiper les grosses dépenses : Noël, vacances, anniversaires, rentrée scolaire...

> Mettre de côté dès le mois de janvier pour Noël permet, par exemple, d'éviter le découvert en décembre.

Une fois les catégories définies, on alloue une somme précise à chacune d'entre elles et on la place dans l'enveloppe correspondante. L'objectif est de ne pas dépenser un centime de plus que ce qui se trouve dans l'enveloppe. S'il reste de l'argent, tant mieux : on peut alors choisir de le conserver pour la semaine suivante ou décider de l'économiser (pour étoffer le budget Vacances ou le fonds d'urgence par exemple).

Prévoir les imprévus

Santé (soins dentaires ou optiques qui ne sont pas pris en charge à 100 %, dépassements d'honoraires, etc.), pannes (voiture, chauffage, électroménager, etc.), frais vétérinaires si vous avez des animaux…Un certain nombre de dépenses n'entrent pas dans le budget du quotidien. Pour éviter que vos finances voient rouge, mieux vaut prévoir de mettre un peu de côté tous les mois. Ce petit geste récurrent sera payant sur le long terme car il répartira l'effort à accomplir : un peu comme dans la fable « Le lièvre et la tortue » où la régularité de la tortue lui permet de triompher là où le lièvre perd pied pour ne pas avoir su anticiper. Constituer un fonds d'urgence, c'est la certitude de ne pas être pris au dépourvu le moment venu.

Au début vous devrez faire preuve d'un peu de discipline car cette méthode implique de changer radicalement sa façon de dépenser. Mais cela devient vite un réflexe. En procédant de cette façon, on gère son budget beaucoup plus clairement, on sait exactement où va chaque centime et, surtout, on atteint la fin du mois sans se demander ce qu'on a bien pu faire de son argent.

Pour résumer, je dirais que la méthode des enveloppes tient dans ces trois verbes : catégoriser, budgétiser, anticiper.

VOUS ET L'ARGENT :

ET SI ON FAISAIT LE POINT ?

Il est indispensable mais reste souvent tabou. L'argent met pourtant tout le monde d'accord sur un point : celui de manquer au plus grand nombre !

Il est tout à fait possible de changer son rapport à l'argent et de modifier la vision que l'on s'en fait. Il suffit pour cela d'apprendre à se connaître. Affronter quelques-uns de ses petits démons et, surtout, reprendre confiance en soi est beaucoup moins compliqué qu'on ne le pense.

IDENTIFIEZ VOS FREINS ET VOS BLOCAGES

Votre éducation ou vos expériences vous ont sûrement amené à vous forger une opinion bien précise de ce que représente l'argent. Toutes ces idées que vous avez fini par vous mettre dans la tête sont, en fait, parfaitement subjectives... et heureusement modifiables. Vous pouvez tout à fait vous « reprogrammer » pour commencer à penser et à agir différemment.

Pour démarrer, repérez et entourez, parmi les affirmations suivantes, celles qui définissent le mieux votre état d'esprit :

Je redoute qu'un imprévu me mette en difficulté.

L'argent ne fait pas le bonheur.

J'ai souvent peur de manquer.

Si j'avais plus d'argent, ce serait la fin de bien des problèmes.

Je suis incapable de mettre un sou de côté.

De toute façon, je n'arriverai jamais à gagner plus.

Je viens d'une famille qui n'avait pas beaucoup d'argent : je n'en aurai jamais beaucoup non plus.

Je culpabilise de dépenser de l'argent pour me faire plaisir.

Faire ses comptes, ce n'est pas pour moi, c'est trop contraignant !

L'argent attire l'argent.

....

....

....

....

APPRIVOISEZ VOTRE RAPPORT À L'ARGENT

Vous venez de cerner VOTRE façon de penser. Cela ne veut pas dire que cette manière de voir les choses soit en phase avec la réalité. Sans entrer dans les détails, ces idées correspondent à ce que les spécialistes appellent les « croyances limitantes », de fausses certitudes qui vous freinent ou vous bloquent. Pour les dissiper, il faut apprendre à vous « reprogrammer » en modifiant votre perception de l'argent et le rapport que vous entretenez avec votre budget.

Pour cela, essayez de reconsidérer objectivement les affirmations que vous avez choisies lors de l'étape précédente. Posez-vous certaines questions quant à ce qui a bien pu les ancrer si profondément dans votre cerveau et essayez de les contrecarrer en toute impartialité. L'idée n'est pas de vous « psychanalyser » mais de vous aider à trouver des pistes qui vous aideront à lever vos blocages. Ôtez-vous de l'esprit que l'argent est forcément mauvais ou qu'en avoir n'est pas fait pour vous. L'argent n'est pas une fin en soi, c'est un moyen de vivre plus confortablement.

> Qu'importent vos ressources, le plus important est de définir comment vous souhaitez, vous, les utiliser.

Ce que je crois	Pourquoi	Ce qui est
Je redoute qu'un imprévu me mette en difficulté.	D'où vous vient cette peur ? Avez-vous déjà vécu un tel épisode ? Cela est-il arrivé à l'un de vos proches ? Identifiez précisément quels imprévus vous font peur.	Certains imprévus peuvent tout à fait s'anticiper et devenir ainsi moins compliqués à vivre (nous le verrons au cours de cette méthode).
L'argent ne fait pas le bonheur.	Pourquoi cherchez-vous à ce point à vous en persuader ? Si ce paramètre comptait si peu à vos yeux, vous ne l'auriez pas choisi parmi les autres. En quoi l'argent pourrait-il vous rendre plus heureux ?	Bien sûr, l'argent n'est pas le plus important. Mais il contribue à créer un cadre de vie agréable pour vous et pour vos proches.
L'argent attire l'argent.	En d'autres termes : vous n'en aurez jamais parce que vous n'êtes pas riche. De combien auriez-vous réellement besoin pour vous sentir mieux ?	Avoir plus d'argent est à la portée de tous, et tout le monde (y compris vous) est capable de bien vivre avec ses moyens.
J'ai souvent peur de manquer.	Dans quels domaines exactement ressentez-vous cette angoisse ? De combien auriez-vous besoin pour être rassuré ?	Vous avez peur des conséquences engendrées par le manque d'argent. Identifier vos besoins et les anticiper vous aidera à vous sentir plus en sécurité.
Si j'avais plus d'argent, ce serait la fin de bien des problèmes.	Que feriez-vous de cet argent et de quels problèmes cela vous débarrasserait-il ?	La vraie question est de savoir comment résoudre ces problèmes (ce n'est peut-être pas en dépensant plus mais en dépensant mieux). Il existe toujours une solution !

Ce que je crois	Pourquoi	Ce qui est
Je suis incapable de mettre un sou de côté.	D'où vient ce renoncement ? Avez-vous abandonné par paresse ? Parce que vous aviez de mauvais exemples ? Parce qu'on vous a souvent traité de « panier percé » ?	Vous êtes tout à fait capable de mettre de l'argent de côté, à condition de définir vos objectifs et vos priorités (nous allons voir comment faire).
De toute façon, je n'arriverai jamais à gagner plus.	D'où vient ce fatalisme ? Pourquoi vous dévalorisez-vous ? Vous pouvez tout à fait, et sans honte, développer ou diversifier vos compétences pour prétendre à mieux.	Vous avez entièrement le droit (et le pouvoir) de décider de mettre en œuvre des moyens qui vous permettront d'améliorer votre situation financière.
Je viens d'une famille qui n'avait pas beaucoup d'argent : je n'en aurai jamais beaucoup non plus.	Pourquoi votre passé devrait-il être un frein et non un moteur ? En quoi l'histoire de votre famille peut-elle influencer votre destinée financière ?	Chacun est maître de sa vie et de ses choix. Personne n'est tenu d'emprunter les mêmes chemins, ni de prendre les mêmes décisions que celles de sa famille. Chacun construit sa propre vie.
Je culpabilise de dépenser de l'argent pour me faire plaisir.	Pourquoi croyez-vous qu'il est mal et égoïste de vous faire plaisir ? Qui vous l'a déjà fait remarquer ? Et cette personne est-elle irréprochable ?	Budgétiser vous permettra de craquer sans frustration ni culpabilité.
Faire ses comptes, ce n'est pas pour moi, c'est trop contraignant !	Pourquoi pensez-vous que toute tentative sera vouée à l'échec ? Avez-vous déjà essayé ? Et, si oui, pourquoi cela n'a-t-il pas fonctionné ?	Ne pas regarder comment on dépense son argent est la meilleure façon d'en perdre. Même en étant nul en maths, vous êtes tout à fait capable de découvrir où file votre argent et d'apprendre facilement à gérer votre budget.

Ce que je crois	Pourquoi	Ce qui est

RÉCONCILIEZ-VOUS AVEC VOTRE BUDGET

Nous avons tous un rapport différent avec l'argent. Et ce rapport ne dépend ni de nos revenus, ni de notre rang social, ni de notre culture.

Une de mes amies, une ancienne banquière, me rappelle souvent qu'elle a vu des gens avec des revenus conséquents se retrouver dans le rouge tous les 15 du mois, sans arriver à s'en sortir... et des ménages bien plus modestes ne jamais être à découvert.

Quand on se penche sur son budget, il est surtout intéressant d'observer ses postes de dépenses. En effet, le tout n'est pas de savoir à quelle vitesse on dépense son argent, mais de découvrir dans quoi il part. Beaucoup de situations catastrophiques pourraient ainsi être évitées si l'on ne préférait pas le superflu à l'essentiel.

> Le tout n'est pas de savoir
> à quelle vitesse on dépense son argent,
> mais de découvrir dans quoi il part.

Se fixer un budget et s'y tenir est une chose qui s'apprend. Comme tant d'autres. C'est très loin d'être inné et il est faux de croire que cette maîtrise est réservée à d'autres que vous. C'est une initiation qui se trouve vraiment à la portée de tous, quelles que soient les « mauvaises habitudes » qu'on a prises.

Il y a ceux qui s'autoproclament « dépensiers compulsifs » et s'avouent incapables de résister au moindre achat, ceux qui refusent de « s'embêter » avec les questions matérielles et craquent sans penser au lendemain, ceux qui préfèrent jouer les autruches en choisissant de ne jamais consulter leur compte en banque (jusqu'à ce qu'un appel de leur banquier les ramène à la réalité...), ceux enfin, et c'est le plus grand nombre, qui n'ont pas l'impression d'exagérer mais se montrent incapables de dire où passe leur argent.

À ceux-là et à tous les autres, je peux assurer qu'il n'y a pas de fatalité et qu'il est tout à fait possible de se réconcilier avec son budget. Ce n'est pas un problème de moyens, ni une histoire d'être plus ou moins doué. Cela n'engendre pas, non plus, de privations ou de frustration. C'est même tout le contraire. La méthode des enveloppes permet à TOUS de s'en sortir et, même, de commencer à épargner !

Passages de témoins

Les nombreux témoignages que je reçois, depuis que je partage cette méthode, restent la meilleure preuve que tout le monde peut réussir à mieux vivre en tenant son budget, mais aussi qu'il est tout à fait possible de mettre de l'argent de côté pour se faire plaisir ou parer aux imprévus.

C'est grâce à toi si j'ai réussi à mettre de l'argent de côté, ce que je n'arrivais pas à faire avant. Aujourd'hui, j'en suis presque à 2 000 euros. Merci beaucoup pour tes précieux conseils. 😊

Je viens juste de faire mes comptes et mes épargnes. Je suis contente quand une nouvelle année commence parce que, depuis deux ans que je vous suis, je n'ai jamais fait autant d'économies. Ça nous a permis de refaire entièrement notre salon et de partir en voyage.

Je voulais vous remercier car, grâce à vous et à votre méthode, nous ne sommes plus du tout à découvert. J'ai commencé en août, Noël s'est bien passé, et le budget Vacances s'annonce bien. Merci, merci, de votre aide précieuse. 🙏

Avec toutes les économies réalisées grâce aux enveloppes, je me suis même ouvert un livret A. En plus de l'épargne que je dépose chaque mois sur un compte pour mon fils, j'arrive à mettre de côté. Je suis en positif sur le compte et je me projette sur des voyages ou autres. Merci.

Je manquais d'éducation financière (et je pèse mes mots !) et ta méthode a changé mon quotidien : je ne suis plus à découvert, j'ai changé ma façon de consommer (beaucoup plus réfléchie) et j'arrive à épargner (plus de 400 euros de côté). 💶

J'avais un découvert autorisé de 500 euros dans lequel j'allais systématiquement, aucune économie, des dépenses non maîtrisées et un petit budget. Mois après mois, j'améliore mon budget grâce à la méthode et, aujourd'hui j'ai 3 600 euros d'épargne sur un compte livret, dont 561 euros venant d'économies et de défis. J'ai pu, grâce aux enveloppes, faire un prévisionnel de mes dépenses et épargner euro après euro afin de respirer. J'ai même pu m'inscrire au sport et prendre un forfait téléphone bloqué pour mon aîné.

Je n'ai jamais été à découvert et faisais quelques économies. En revanche, j'utilisais facilement le fameux « sans contact » de ma carte bancaire pour des bricoles... En découvrant la méthode des enveloppes avec tes vidéos, je m'y suis mise et rien que sur les enveloppes Courses, Divers, Extra, j'ai économisé 600 euros en deux mois ! [...] Cela a changé mes habitudes d'achat et j'en suis très heureuse. Pour information, j'ai un salaire modeste et cette méthode est réellement géniale. Je te remercie beaucoup de l'avoir partagée ! ❤

LA MÉTHODE :

À VOS BUDGETS, PRÊTS, PARTEZ !

Avant de définir le contenu de chaque enveloppe, il faut, bien sûr, savoir de combien on dispose. Mais ce n'est pas tout. Chacun de nous a sa propre façon de vivre, ses propres impératifs (par exemple, les besoins d'un couple ne sont pas les mêmes que ceux d'une famille nombreuse) et ses propres habitudes de consommation. Rappelons en effet qu'il ne s'agit pas de se priver, ni de renoncer à tout type de plaisir. Apprendre à dépenser différemment ne veut pas dire ne plus dépenser du tout, mais juste comprendre comment l'on peut dépenser moins, et surtout mieux.

Ma méthode se décompose en cinq étapes.

Première étape

Nous allons commencer par éplucher vos comptes. C'est une phase indispensable pour vous permettre de découvrir comment vous fonctionnez.

Deuxième étape

Nous allons faire un peu de ménage, en faisant le tri dans vos abonnements. Cette sélection vous aidera à récupérer quelques euros bien utiles.

Troisième étape

Nous allons définir votre budget : rentrées d'argent, charges fixes, épargne, dépenses variables... Nous allons tout mettre à plat.

Quatrième étape

Nous n'aurons plus qu'à faire le calcul par catégories pour fixer la somme que vous devrez placer dans chaque enveloppe.

Cinquième étape

Le meilleur pour la fin : on remplit vos enveloppes !

Vous verrez que, grâce à cette méthode, les fins de mois ne sont plus source d'angoisse, mais qu'elles riment au contraire avec satisfaction et fierté : **maîtriser ses dépenses, c'est reprendre en main le cours de sa vie.**

Première étape

VOTRE BUDGET VA EN VOIR DE TOUTES LES COULEURS

Cette première phase va sûrement vous sembler fastidieuse. Pour beaucoup d'entre nous, se plonger dans ses comptes représente en effet une activité rébarbative. Cela reste pourtant indispensable pour comprendre comment l'on fonctionne, repérer ses dépenses superflues (doublons d'abonnements, par exemple) et mettre le doigt sur ce qui provoque le gaspillage : si l'on veut colmater une fuite, il faut d'abord la repérer, non ?

Avant de partir à l'attaque, commencez par vous équiper de ces outils indispensables : des surligneurs de différentes couleurs. Ils vous aideront à y voir clair (beaucoup plus clair...) et à définir vos catégories de dépenses.

Ressortez ensuite vos relevés de compte des trois derniers mois.

Surlignez chaque catégorie de dépenses d'une couleur différente. En un seul coup d'œil, vous obtiendrez déjà une vision beaucoup plus nette de votre principal poste de dépenses : s'agit-il de l'alimentation ? des loisirs ? des transports ?...

Tout ce qui sort de votre compte doit être surligné et entrer dans une catégorie.

Dans la liste ci-contre, surlignez dès à présent chacune des vos catégories de dépenses d'une couleur différente : cela vous aidera à identifier la bonne couleur à utiliser dans vos relevés de compte si vous n'effectuez pas leur étude d'une seule traite.

Une fois que vous avez effectué ce travail, vous allez devoir **calculer le montant de vos dépenses dans chaque catégorie**.

L'épineux cas du « Divers »

On me demande souvent ce qui peut entrer dans cette rubrique-là. Il est vrai qu'elle est, par définition, assez vague. J'ai pris l'habitude d'y inscrire tout ce qui n'entre pas dans les autres catégories (logique, me direz-vous !). Ce sont, par exemple, les achats ponctuels comme les ampoules à changer, les piles à remplacer, les ramettes de papier, l'instrument ou l'ustensile qu'on vient de casser, le ticket de métro exceptionnel, un bouquet de fleurs... bref, toutes ces petites dépenses indispensables mais inhabituelles qui finissent par peser malgré tout.

LES DIFFÉRENTES CATÉGORIES DE DÉPENSES

Alimentation

Transport

Entretien

Carburant

Réparation voiture

Loisirs

Abonnements téléphoniques

Abonnements TV et Internet

Scolarité (si vous avez, par exemple, des enfants qui suivent des études supérieures payantes)

Électricité

Chauffage

Shopping

Vêtements

Hygiène et beauté

Coiffeur

Enfants

Vétérinaire

Animaux

Sport

Restaurant

Cadeaux (anniversaires...)

Livres

Dons

Décoration maison

Projet immobilier

Voyages

Travaux

Pour cela, changez de munitions et armez-vous de feuilles et d'un stylo.

Reportez scrupuleusement le détail de chacun des achats qui se trouve sur votre relevé de compte, en le plaçant dans la catégorie qui lui correspond (Alimentation, Transport, Loisirs, Shopping, Abonnements, Électricité, etc.). Effectuez l'exercice pour chacun des trois mois retranscrits dans vos relevés.

Si vous le pouvez (si votre relevé comporte ces détails-là), soyez le plus précis possible. Par exemple, dans la partie Alimentation, inscrivez le montant de la dépense, sa date ainsi qu'idéalement, le nom de l'enseigne dans laquelle elle a été effectuée.

Une fois que vous avez tout retranscrit, catégorie par catégorie, et mois par mois, faites le total des dépenses dans chaque domaine. Vous saurez alors précisément ce que vous déboursez mensuellement sur chaque poste.

Pourquoi s'astreindre à tant de rigueur ? Tout simplement parce que **c'est la seule façon d'obtenir une vision exacte de vos sorties d'argent**. Peut-être allez-vous ainsi vous rendre compte que vous faites des courses plusieurs fois par semaine dans des magasins différents… Si c'est le cas, parions qu'il sera utile de fouiller de ce côté-là pour découvrir comment optimiser ces achats (en prenant, par exemple, l'habitude de ne fréquenter qu'un seul supermarché, une fois par semaine, avec une liste de courses bien définie).

Ce report va aussi vous permettre de réaliser – encore plus concrètement qu'en regardant votre surlignage – quelles sont vos principales sources de dépenses. Certaines catégories comporteront en effet plus de lignes (voire de feuilles !) que d'autres, vous indiquant ainsi très clairement les points sur lesquels il va falloir être plus vigilant pour faire des économies.

Cela va aussi vous aider à définir vos principaux besoins et donc à amorcer la réflexion sur le montant que vous devrez placer, chaque semaine, dans chacune de vos enveloppes.

Ça y est : vous avez maintenant vos catégories et le montant de chacune d'entre elles.

Bravo ! Vous venez d'accomplir une bonne partie du travail !

ALIMENTATION • MOIS 1

Montant de la dépense	Date	Lieu

TOTAL

LOISIRS · MOIS 1

Montant de la dépense	Date	Lieu

TOTAL

ANIMAUX · MOIS 1

Montant de la dépense	Date	Lieu
TOTAL		

SHOPPING • MOIS 1

Montant de la dépense	Date	Lieu

TOTAL

Vive les rentrées !

Plus agréable maintenant : après avoir listé et noté scrupuleusement vos dépenses, faites le point sur vos rentrées d'argent. Cela concerne non seulement les salaires, mais aussi toutes vos autres sources de revenus : la CAF, les aides et pensions éventuelles, les loyers si vous êtes propriétaire et en percevez... Tout ce qui entre sur votre compte doit être notifié. Additionnez le tout, afin d'obtenir la somme « brute » dont vous disposez chaque mois.

Pour finir, dressez le bilan de vos charges fixes. Quel type de frais cela concerne-t-il ? Eh bien, tout simplement l'ensemble des dépenses « incompressibles » : le loyer, l'électricité, les assurances, les abonnements (téléphone, Internet, plateformes vidéo...), les crédits, etc.

N'oubliez pas, non plus de mentionner vos prélèvements annuels.

Et pour les indépendants ?

La situation des indépendants peut paraître plus complexe dans la mesure où leurs rentrées d'argent sont irrégulières et différentes chaque mois. Cela n'est pourtant pas incompatible avec la mise en place de cette méthode. Si vous êtes dans ce cas, établissez votre budget en calculant votre revenu minimum (reprenez pour cela vos relevés de compte et calculez, pour chaque mois, le total de vos rentrées d'argent). Basez-vous sur la somme la plus basse que vous avez reçue pour prévoir votre budget mensuel. Si certains mois vous gagnez plus, vous pourrez soit vous faire plaisir, soit décider d'épargner. Mais au moins serez-vous à l'abri des mauvaises surprises.

RENTRÉES D'ARGENT • MOIS 1

Catégories	Montant
Salaire 1	
Salaire 2	
CAF	
Autres sources de revenus	
TOTAL	

RENTRÉES D'ARGENT • MOIS 2

Catégories	Montant
Salaire 1	
Salaire 2	
CAF	
Autres sources de revenus	
TOTAL	

RENTRÉES D'ARGENT • MOIS 3

Catégories	Montant
Salaire 1	
Salaire 2	
CAF	
Autres sources de revenus	
TOTAL	

ABONNEMENTS • MOIS 1

Nature de la dépense	Montant	Date
Box		
Télé et/ou plateformes vidéo		
Téléphonie ligne 1		
Téléphonie ligne 2		
Salle de sport		
Applications		
TOTAL		

HABITATION • MOIS 1

Nature de la dépense	Montant	Date
Loyer ou crédit		
Électricité		
Gaz		
Eau		
TOTAL		

AUTRES PRÉLÈVEMENTS MENSUELS • MOIS 1

Nature de la dépense	Montant	Date
Scolarité 1		
Scolarité 2		
Crédit à la consommation		
Assurances		
Mutuelle		
TOTAL		

PRÉLÈVEMENTS ANNUELS

Nature de la dépense	Montant	Date
Impôts		
Assurances		
TOTAL		

Et ensuite

Au début de chaque mois, notez tout ce qui va entrer sur votre compte (le total de vos revenus) et tout ce qui va en sortir (charges fixes et prélèvements occasionnels).

Soustrayez du premier le montant des deuxièmes.

total des revenus

– total des sorties (charges fixes + prélèvements)

= somme nette pour le mois

Une fois l'opération effectuée (revenus – charges), vous obtenez la somme « nette » qu'il vous reste pour le mois à venir. Retirez-en le montant de ce que vous souhaitez épargner. Ce chiffre final correspondra à ce qu'il vous faudra répartir dans vos différentes enveloppes.

Et si je suis à découvert ?

On me dit très souvent : « Je ne peux pas suivre cette méthode car je suis à découvert. » Cette idée est totalement fausse. C'est même tout le contraire : mon système d'enveloppes permet de « sortir du rouge » bien plus facilement.

L'idée est simple. Il s'agit de considérer votre découvert comme si c'était un crédit.

D'après votre budget, il vous suffit alors de définir une somme, que vous allouerez au remboursement de votre découvert, tout comme vous le feriez pour honorer les traites d'un crédit.

Un petit conseil : malgré votre envie (bien légitime) de vouloir balayer vos dettes au plus vite afin de repartir de zéro du bon pied, ne vous mettez pas la pression. Il vaut mieux envisager ce remboursement sur le moyen (voire sur le long) terme, et ce pour plusieurs raisons : d'abord parce qu'il vaut mieux se montrer réaliste que trop ambitieux, sous peine de se sentir frustré et de ne pas y arriver. Un objectif ne s'atteint pas en un claquement

de doigts : il se planifie et se réalise par étapes. Ensuite, parce qu'une fois encore, il ne s'agit pas de vous empêcher de vivre. Vous parviendrez bien mieux et bien plus rapidement à votre but en étant serein qu'en vous sentant pris à la gorge et prisonnier.

Autre chose : le fait de tout payer en espèces vous permettra non seulement de ne pas creuser votre découvert (puisqu'une fois retiré l'argent nécessaire aux enveloppes, vous ne toucherez plus au compte), mais aussi de le rembourser plus vite, avec ce qu'il restera dans certaines enveloppes. Cela peut d'ailleurs devenir un défi plus ludique à relever qu'une obligation de remboursement trop élevée : vous pouvez, par exemple, vous lancer le challenge de finir la semaine avec un budget courses bénéficiaire de 5 euros, que vous placerez directement dans une enveloppe consacrée au remboursement de votre découvert.

Attention à ce faux ami !

La plupart d'entre nous bénéficient d'une autorisation de découvert. Ce montant, défini en accord avec la banque en fonction des revenus, permet de dépenser plus que ce qui se trouve sur le compte, et ce jusqu'à un certain plafond. C'est ce que l'on appelle le **« découvert autorisé »**. « Autorisé » signifie que l'on peut atteindre ce chiffre négatif sans que la banque ne prélève de frais supplémentaire (au-delà de ce maximum, on entre dans le découvert « non autorisé » qui entraîne le paiement d'agios, sortes d'intérêts directement prélevés par la banque). Mais **attention : « autorisé » ne veut pas dire « dû »**. En clair, ce n'est pas parce que vous bénéficiez, par exemple, d'un découvert autorisé de 800 euros qu'il vous faut prendre l'habitude de terminer le mois avec 800 euros de débit sur votre compte. Ce montant-là ne constitue, en aucun cas, une somme que l'on vous prête gracieusement tous les mois, afin que vous puissiez l'utiliser jusqu'au dernier centime. Vous devez donc absolument vous efforcer de raisonner comme si ce découvert autorisé n'existait pas. C'est là le seul moyen de remettre vos comptes à l'équilibre.

Mon budget amusant

Revenu	Montant
Salaire 1	
Salaire 2	
CAF	
TOTAL	

Crédits / Dettes	Montant
Crédit immobilier	
Crédit à la consommation	
Crédit voiture	
TOTAL	
RESTE	

Charges fixes	Montant
Loyer	
Électricité	
Assurance	
Téléphone	
Internet	
TOTAL	
RESTE	

Charges variables	Montant
Ordures ménagères	
Taxe foncière	
TOTAL	
RESTE	

↖ C'est la somme qu'il me reste pour remplir mes enveloppes.

À épargner	Montant
Noël	
Vacances	
Fonds d'urgence	
Santé	
Anniversaires	
TOTAL	
RESTE	

Enveloppes	Montant
Alimentation	
Divers	
Loisirs	
Entretien	
TOTAL	
RESTE	

Deuxième étape

UN BRIN DE MÉNAGE !

Le travail précédent vous aura notamment permis d'isoler vos charges fixes et de faire ressortir les prélèvements qui viennent grignoter chaque mois votre budget.

Reprenez la liste que vous avez dressée, ou si vous avez, pour l'instant, simplement surligné ces dépenses récurrentes d'une certaine couleur, efforcez-vous de les répertorier sur un carnet ou une feuille de papier. Ne vous contentez pas d'en inscrire le montant et de le compléter d'un laconique « Télé » ou « Assurances » : cela ne vous avancerait pas à grand-chose. Détaillez au maximum, afin de repérer au mieux et plus facilement les éventuels doublons. Inscrivez, par exemple « Abonnement box+télé+téléphone », « Abonnement Netflix », « Assurance habitation », « Assurance scolaire », « Forfait téléphone Théo », « Forfait téléphone moi », etc. Chaque détail compte ! Le but est d'épurer vos dépenses au maximum. Et pour en réduire le montant, il faut d'abord que vous puissiez les identifier précisément.

Quelques astuces pour réduire vos charges fixes

→ Essayez de **regrouper vos crédits et vos assurances** dans la même compagnie : cela peut vous permettre d'économiser en obtenant des tarifs préférentiels, voire même de négocier.

→ N'hésitez pas à contacter vos fournisseurs (d'électricité, de gaz, de téléphone, d'accès à Internet...) afin de **faire jouer la concurrence**... et de partir si vous trouvez moins cher ailleurs ! Cela demande un peu de temps mais le jeu en vaut vraiment la chandelle, d'autant que certains prestataires (notamment et surtout les opérateurs téléphoniques) n'hésitent pas à vous ajouter des options payantes en cours de contrat, en vous le notifiant d'un simple mail ou SMS que vous avez de fortes chances d'oublier aussitôt lu (si vous le lisez...). Au niveau d'une famille, le fait de changer d'opérateur téléphonique, pour des forfaits souvent tout aussi intéressants, peut ainsi vous faire économiser plusieurs centaines d'euros : c'est donc loin d'être négligeable !

Bien assuré !

Même si cela vous semble un peu rébarbatif, cela vaut le coup (et le coût !) de jeter un œil à vos contrats d'assurance (qu'ils concernent votre logement, votre véhicule ou même votre carte de crédit). La plupart d'entre eux prévoient en effet un certain nombre de garanties imposées d'office… et qui se retrouvent ainsi dans bon nombre d'accords. C'est notamment le cas de la responsabilité civile, qui a de fortes chances de vous être facturée plusieurs fois dans différents contrats.
N'oubliez pas non plus de vérifier si vous ne continuez pas à payer l'assurance d'un bien que vous ne possédez plus : celle d'un téléphone, par exemple, que vous pouvez très bien avoir oublié de résilier, alors que l'appareil ne fonctionne plus depuis longtemps et que vous avez changé de fournisseur d'accès.

→ Sans être réellement des doublons, **certains abonnements peuvent être redondants**. C'est le cas notamment de tous ceux qui concernent les plateformes vidéo ou les chaînes de télé payantes. Malgré leur attractivité, ils représentent souvent une dépense superflue. Si vous avez réussi à n'en choisir qu'un, pas de problème. Mais si vous avez succombé aux sirènes de plusieurs d'entre eux, posez-vous la question de leur légitimité : vos enfants regardent-ils encore cette chaîne de dessins animés ? Votre conjoint est-il toujours aussi accro à cette chaîne de sport à laquelle il avait souscrit pour un tournoi mondial, fini depuis des semaines ? Regardez-vous vraiment les films de cette plateforme à laquelle vous vous étiez abonné pour profiter d'une série dont vous avez fini toutes les saisons ? Et au fait, avez-vous bien pensé à annuler cet abonnement dans lequel vous basculiez automatiquement après votre « mois d'essai gratuit » ? Cela vaut parfois le coup de **résilier certains abonnements** qui n'ont plus lieu d'être. D'autant qu'il sera toujours l'heure d'y souscrire de nouveau si vous en éprouvez l'envie (les fournisseurs de contenus se montrent rarement rancuniers envers leurs « ex » et offrent même souvent des conditions plus intéressantes aux nouveaux arrivants !).

→ Jetez aussi un œil aux **frais que vous facture d'office votre banque**… souvent pour des services dont vous n'avez que faire. Dans ce domaine comme dans les autres, n'hésitez pas à faire jouer la concurrence et à changer d'établissement si vous trouvez moins cher ou plus avantageux ailleurs.

ABONNEMENTS INTERNET, TÉLÉ ET TÉLÉPHONE

Nature	Compagnie / Entreprise	Montant
Ligne tél. 1 (moi)		
Ligne tél. 2 (conjoint)		
Ligne tél. enfant		
Box		
Fournisseur de contenu musical		
TOTAL		

CRÉDITS ET ASSURANCES

Nature	Compagnie / Entreprise	Montant
Crédit habitation		
Crédit voiture		
Crédit à la consommation		
Assurance logement		
Assurance voiture		
Assurance scooter		
Assurance scolaire		
Mutuelle		
Assurance animale		
TOTAL		

Troisième étape

ON MET À PLAT VOTRE BUDGET POUR MIEUX LE REGONFLER !

Reprenez vos relevés de compte surlignés, mais surtout les feuilles sur lesquelles vous avez listé et détaillé vos dépenses dans chaque catégorie.

Étudiez-les, c'est-à-dire tentez d'isoler les « grosses dépenses » (le plein de courses hebdomadaire, par exemple) pour **vous pencher plus particulièrement sur les petits montants, moins importants**. Essayez de vous souvenir quand et à quelle occasion ces achats ont été effectués.

Ce petit exercice est extrêmement révélateur, dans la mesure où il permet de **prendre réellement conscience de toutes les dépenses inutiles que l'on fait sans s'en rendre compte**, tant il reste facile, rapide et faussement indolore de dégainer sa carte bleue au moindre « besoin » (les guillemets sont importants car vous allez voir que bon nombre de ces « besoins » sont en fait superflus).

Le recours systématique à ce mode de paiement présente un autre inconvénient car, employé pour de petits montants, il en minimise la portée. En clair, à force de se dire « Oh, c'est 5 euros, ce n'est rien », on finit par se retrouver, à la fin du mois, avec une sacrée somme en moins… et souvent pour des achats dont on aurait très bien pu se passer (le supplément soda avec le sandwich du midi, le paquet de bonbons de 16 heures au distributeur de la cafète, le magazine dont on ne lira que trois pages, le pull en soldes qu'on achète parce qu'il est en soldes et non parce qu'il nous plaît vraiment, la livraison du dîner à domicile parce qu'on a la flemme de faire cuire des pâtes, etc.). À terme et mises bout à bout, toutes ces emplettes peuvent représenter plusieurs dizaines d'euros. Ce sont elles qui viennent grossir le flot du fameux « je ne comprends pas où part mon argent » !

Cette petite étude permet de réaliser concrètement ce « gaspillage ». Je vous conseille même d'**inscrire noir sur blanc le détail de toutes ces dépenses** : les voir s'étaler ainsi sous vos yeux aura encore plus d'impact et sera utile pour calculer et définir ensuite le montant à placer dans chaque enveloppe. Cela vous aidera à prendre déjà conscience de tous les petits efforts que vous pourrez faire par la suite, sans trop changer vos habitudes, pour gagner quelques billets dans votre budget. Je le répète : le but n'est pas de tendre vers une vie monastique privée de tout plaisir. Mais en vous montrant sélectif dans vos achats, en en privilégiant certains par rapport à

> Je le répète : le but n'est pas de tendre vers une vie monastique privée de tout plaisir.

d'autres, vous consommerez beaucoup mieux et de manière plus réfléchie : vous pourrez donc continuer à profiter, mais sans vous mettre en danger, ce qui est quand même nettement plus confortable ! Vous allez peut-être même réaliser que vous avez plus tendance à craquer à certains moments qu'à d'autres (par exemple : une viennoiserie le lundi matin pour prendre plus facilement le chemin du bureau, une babiole achetée dans un bazar qui se trouve sur votre route lorsque vous rentrez du sport le mercredi, etc.).

Autre avantage : vous apprécierez d'autant plus ces petits extras que vous les aurez gagnés et « mérités ». **Succomber de manière sélective** vous permettra en effet de savourer pleinement tous ces petits plus que vous vous accorderez. Pourquoi ? Parce que vous en mesurerez le prix. En choisissant vos craquages, vous sélectionnerez ceux qui vous font le plus plaisir : ils n'en seront que meilleurs !

Les petits montants qui font les grosses dépenses

DÉPENSES « EXTRA » • MOIS 1

Nature de la dépense	Montant	Jour
TOTAL		

DÉPENSES « EXTRA » • MOIS 2

Nature de la dépense	Montant	Jour
TOTAL		

DÉPENSES « EXTRA » • MOIS 3

Nature de la dépense	Montant	Jour
TOTAL		

Maintenant, prenez le temps de vous pencher sur ces fiches et entourez, le plus objectivement possible, toutes les dépenses dont vous auriez pu vous passer. N'auraient-elles pas pu venir grossir l'une de vos enveloppes consacrées à l'épargne ou garnir un peu plus celle dédiée aux vacances ? Toutes ces petites sommes mises de côté peuvent d'ailleurs parfaitement devenir l'objet d'un défi, plus amusant à relever que la perspective d'une privation à venir. Par exemple, dites-vous : « Cette semaine, je mets 5 euros de côté pour placer dans l'enveloppe Vacances. » Prévoir un petit extra à venir est quand même plus motivant que de s'interdire quelque chose, même si c'est quelque chose de superflu, non ?!

Pour résumer

1

On surligne avec différentes couleurs pour être sûr de ne rien oublier.

2

On reporte tout sur un papier pour chaque catégorie.

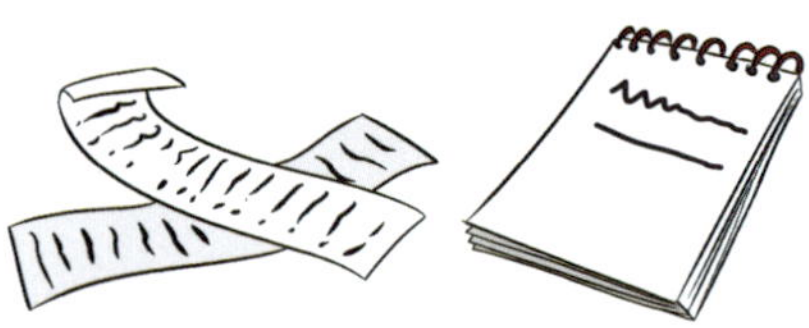

3

On calcule combien on a dépensé par mois sur ces trois mois dans chaque catégorie. On regarde où l'on peut facilement gagner quelques euros.

Vous êtes déjà un winner !

Attention, l'objectif de l'étude de cette liste détaillée n'est pas de vous flageller. Ne pensez surtout pas que certains montants sont décourageants et qu'ils vous classent définitivement dans la famille des « paniers percés ». Au contraire : ils sont la preuve éclatante que l'on peut facilement gagner sur certains postes, sans trop changer son mode de vie. Rééquilibrer son budget implique de modifier son fonctionnement par rapport à l'argent, pas de changer radicalement le cours de son existence. « Économe » ne veut pas dire « radin ». De plus, les montants obtenus dans chaque catégorie varient considérablement d'une personne à l'autre. Il n'y a pas de règle absolue en la matière. Tout va dépendre de votre quotidien, de votre environnement, de vos habitudes. Il n'existe pas de mode de vie, ni de façon de fonctionner universels. Ma méthode se décline en fonction de chacun de vous : certains trouveront plus facile de consentir à quelques efforts dans un domaine, d'autres préféreront conserver un budget dans une catégorie précise, quitte à couper drastiquement dans une autre... À vous de voir comment il est plus facile pour vous d'adapter chaque poste de dépenses. Vous allez rééquilibrer vos comptes et le fait de regarder vos dépenses en détail est la preuve irréfutable que vous pouvez y arriver sans trop de peine, en modifiant simplement certaines de vos habitudes.

Un exercice complémentaire va vous aider à y voir encore plus clair. Élément important : il n'est pas nécessaire d'attendre de l'avoir terminé pour débuter la méthode. Vous pouvez tout à fait commencer à remplir et utiliser vos enveloppes dès le bilan effectué après l'épluchage de vos comptes.

Il s'agit ici de mettre en place une certaine routine que je vous conseille d'appliquer systématiquement tous les mois.

*

Armez-vous, à nouveau, d'un stylo et de feuilles, ou, mieux, d'un petit carnet dont les pages seront, par définition, moins volatiles et donc plus faciles à consulter.

Pour chaque catégorie, notez scrupuleusement tous vos achats ainsi que la date et le lieu où ils ont été effectués.

Chaque fois que vous passez à la caisse d'un magasin ou que vous effectuez un paiement en ligne, inscrivez-le. **Écrivez absolument tout.**

À la fin du mois (ou, mieux, au fur et à mesure, si vous le pouvez), classez toutes ces dépenses par catégories (Alimentation, Loisirs, etc. : maintenant, vous connaissez parfaitement ces différents domaines !).

*

La retranscription systématique de TOUTES vos dépenses (y compris la plus minime ou la plus anodine) devra devenir une habitude, et même un réflexe. D'abord parce que cela vous permettra de toujours savoir où vous en êtes : au jour, voire à l'heure près ! Ensuite, parce que **cet automatisme sera très utile pour rééquilibrer vos enveloppes et voir où cela pèche encore** : il faut souvent plusieurs essais avant de trouver l'ajustement idéal et l'on ne guérit pas de tous ses petits travers en un jour !

*

Pourquoi se plier à autant de précision ? Tout simplement parce que c'est la seule manière de vous **procurer une visibilité complète** sur votre façon de consommer... et votre évolution en la matière. Je suis prête à parier que vous allez être surpris par la rapidité de votre progression.

Vous avez déjà sans le savoir accompli une bonne partie du travail : étudier vos comptes et prendre conscience de vos dépenses constituent les deux piliers essentiels de votre rééquilibrage. Ces deux actions ont « lancé la machine » et mis en lumière la direction à suivre. Maintenant, vous savez exactement de combien vous disposez tous les mois et vous avez découvert où passe une bonne partie de cet argent. Vous avez aussi repéré d'où viennent les fuites les plus importantes qui vident votre compte. Je vais vous expliquer comment les colmater, grâce aux enveloppes.

Exemples de fiches pour maîtriser vos dépenses

ALIMENTATION • SEMAINE 1 DU .... AU ....

Montant	Date	Lieu
TOTAL		

ALIMENTATION • SEMAINE 2 DU .... AU ....

Montant	Date	Lieu
TOTAL		

ALIMENTATION • SEMAINE 3 DU .... AU ....

Montant	Date	Lieu
TOTAL		

ALIMENTATION • SEMAINE 4 DU .... AU ....

Montant	Date	Lieu
TOTAL		

DIVERS • SEMAINE 1 DU .... AU ....

Montant	Date	Lieu
TOTAL		

DIVERS • SEMAINE 2 DU .... AU ....

Montant	Date	Lieu
TOTAL		

DIVERS • SEMAINE 3 DU .... AU ....

Montant	Date	Lieu
TOTAL		

DIVERS • SEMAINE 4 DU .... AU ....

Montant	Date	Lieu
TOTAL		

Modèles de fiches à personnaliser

CATÉGORIE DE DÉPENSES : ....

Montant de la dépense	Date	Lieu
TOTAL		

CATÉGORIE DE DÉPENSES : ....

Montant de la dépense	Date	Lieu
TOTAL		

Quatrième étape

ON CALCULE LES PROBABILITÉS

Vous y êtes presque ! Maintenant que vous avez une vision claire de votre budget (ce que vous gagnez et ce que vous dépensez), il n'y a plus qu'à faire le calcul par catégories pour fixer la somme que vous devrez placer, chaque mois, dans vos enveloppes.

Comment définit-on cette somme ?

Soyons honnêtes, au début vous allez sûrement tâtonner un peu, avant de trouver votre « rythme de croisière ». Vous allez certainement avoir besoin d'un peu de temps pour vous « caler ». C'est normal. Comme vous avez pu le constater en étudiant vos relevés de compte, vous ne déboursez pas exactement la même somme tous les mois dans chaque catégorie (ce serait trop simple !). **Le mieux, pour commencer, est donc d'établir une certaine moyenne pour chaque poste de dépenses.**

*

Pour cela, reprenez le total mensuel de chacun de vos groupes. Additionnez ces trois totaux et divisez le chiffre obtenu par trois.

Par exemple :

Alimentation

Total avril : 450 euros

Total mai : 535 euros

Total juin : 495 euros

En additionnant ces trois chiffres, vous obtenez 1 480, que vous allez diviser par trois, soit : 493.

Cette somme de 493 euros constituera la première base pour définir ce dont vous aurez besoin pour votre budget Alimentation du mois à venir. Attention, il s'agit bien ici du montant mensuel. Vous devrez le diviser par quatre pour obtenir la somme à placer chaque semaine dans votre enveloppe Alimentation : 493 divisé par 4, soit 123 euros consacrés aux dépenses alimentaires chaque semaine... Enfin, pour commencer. Je rappelle en effet, et c'est important, que vous serez certainement amené à ajuster cette somme dans les mois à venir. D'abord, parce qu'il s'agit à ce stade d'une estimation basée sur vos anciennes habitudes de consommation (celles que vous souhaitez changer !). Ensuite, parce qu'il y a fort à parier qu'en dépensant autrement, de manière plus réfléchie et organisée, vous dépensiez moins !

Pour simplifier les choses, je vous propose d'arrondir (au montant supérieur ou inférieur, comme vous le souhaitez), afin d'éviter les centimes.

À l'aide du calcul que nous venons de faire, établissez votre budget prévisionnel pour chaque catégorie de dépenses.

Comment faire si le total des dépenses atteint ou dépasse le montant des rentrées d'argent ?

Une fois tous vos calculs effectués, il y a de fortes chances pour que la somme totale de votre budget prévisionnel dépasse le montant de vos rentrées d'argent. C'est logique : si vous disposiez de plus d'argent que vous n'en dépensez, vous ne seriez pas dans une situation délicate.

Pour que tout rentre dans l'ordre, il va donc falloir ajuster. Au risque de me répéter, au début, vous allez tâtonner. C'est normal. Comme tout rééquilibrage, celui de votre budget ne peut se mettre en place d'un coup de baguette magique. Avant de trouver le bon fonctionnement, il faut apprendre à se connaître, tester, régler, réessayer, retester, réaménager, etc. Mais vous allez voir que ce n'est pas si compliqué et, surtout, que cette organisation sera beaucoup plus rapide à installer que vous ne l'imaginez.

*

ALIMENTATION

Total mois 1 =	....
Total mois 2 =	....
Total mois 3 =	....
Total des trois derniers mois =	....
Total des trois derniers mois divisé par 3 =	.... euros à placer chaque mois dans l'enveloppe Alimentation
Résultat de l'opération précédente divisé par 4 =	.... euros à placer chaque semaine dans l'enveloppe Alimentation

LOISIRS

Total mois 1 =	....
Total mois 2 =	....
Total mois 3 =	....
Total des trois derniers mois =	....
Total des trois derniers mois divisé par 3 =	.... euros à placer chaque mois dans l'enveloppe Loisirs
Résultat de l'opération précédente divisé par 4 =	.... euros à placer chaque semaine dans l'enveloppe Loisirs

DIVERS

Total mois 1 =	…………………………
Total mois 2 =	…………………………
Total mois 3 =	…………………………
Total des trois derniers mois =	…………………………
Total des trois derniers mois divisé par 3 =	………………… euros à placer chaque mois dans l'enveloppe Divers
Résultat de l'opération précédente divisé par 4 =	………………… euros à placer chaque semaine dans l'enveloppe Divers

SHOPPING

Total mois 1 =	…………………………
Total mois 2 =	…………………………
Total mois 3 =	…………………………
Total des trois derniers mois =	…………………………
Total des trois derniers mois divisé par 3 =	………………… euros à placer chaque mois dans l'enveloppe Shopping
Résultat de l'opération précédente divisé par 4 =	………………… euros à placer chaque semaine dans l'enveloppe Shopping

Reprenons donc le montant global de votre budget. Rappelez-vous : il s'agit du total de vos rentrées d'argent (salaire, allocations, etc.) moins l'ensemble de vos charges fixes.

Rentrées d'argent : .... **euros**

– charges fixes : .... **euros**

= .... **euros**

Voilà : vous connaissez maintenant le montant dont vous disposez pour le mois.

Pour obtenir votre budget global par semaine, divisez ce chiffre par 4 : vous obtenez alors le montant général à répartir chaque semaine dans vos enveloppes.

Reprenez à présent vos calculs prévisionnels de l'étape précédente et additionnez les chiffres obtenus dans chaque catégorie.

Par exemple :

	Prévisionnel Alimentation :	123 **euros**
+	**Prévisionnel Loisirs :**	50 **euros**
+	**Prévisionnel Divers :**	30 **euros**
+	**Prévisionnel Transport :**	25 **euros**
+	**Entretien, hygiène :**	20 **euros**

Vous voici ainsi avec le montant prévisionnel de vos dépenses pour la semaine.

Si par bonheur ce montant est inférieur ou égal à celui de vos rentrées d'argent, il ne vous reste plus qu'à garnir vos enveloppes.

Si le montant est supérieur à celui dont vous disposez pour la semaine (ce qui a de fortes chances d'être le cas puisque le calcul de vos dépenses était basé sur votre désormais ancienne manière de consommer), il va vous falloir décider comment et dans quelles catégories vous allez pouvoir gagner quelques euros.

Prêtez-vous donc à cet ultime calcul (promis, c'est le dernier !) : reprenez le total de vos dépenses prévisionnelles pour une semaine et soustrayez-en la somme dont vous disposez réellement pour la semaine. Exemple : 350 euros de dépenses prévisionnelles toutes catégories confondues – 220 euros de budget réel = 130 euros à gagner avant de garnir les enveloppes.

Il ne vous reste plus qu'à reprendre chacune de vos fiches prévisionnelles (celles que vous avez établies lors de l'étape précédente) afin d'étudier comment vous pouvez faire quelques efforts dans chaque catégorie : s'agira-t-il d'enlever 10 euros par semaine dans le budget Alimentation, de rogner un peu dans la catégorie Loisirs ou d'alléger l'enveloppe Divers ?

À vous de voir comment ces prévisions pourront correspondre au mieux à votre manière de vivre, sachant qu'il ne s'agit sûrement ici que d'une étape provisoire. Au fur et à mesure de votre pratique, vous verrez qu'il vous est plus facile d'économiser sur certains postes, pour mieux redistribuer sur d'autres. Comme je vous l'ai dit, mettre en application ce système d'enveloppes va changer votre façon de consommer. Vous allez moins dépenser parce que vous dépenserez mieux. Aussi les efforts qui vous semblent à ce stade difficiles à consentir seront-ils beaucoup moins douloureux que vous ne le pensez. Il y a même fort à parier que, contrairement à ce que vous imaginez, ce rééquilibrage s'opère dans la douceur.

Calcul et mental

Payer en espèces amène à réfléchir différemment. Ce geste rend en effet les dépenses plus concrètes et offre une visibilité beaucoup plus claire de l'argent qu'il reste. Vous verrez ainsi qu'au fil des semaines il y a des chances pour que le budget que vous mettez dans chaque enveloppe diminue, et ce jusqu'à ce que vous trouviez le « montant idéal », celui qui remettra vos comptes à l'équilibre, sans trop impacter votre façon de vivre. Avoir défini son budget et décidé de ranger sa carte bancaire amène à consommer autrement. Quand vous sortirez faire vos courses, par exemple, vous serez obligé de composer avec la somme que vous aurez placée dans votre porte-monnaie. Vous ne pourrez pas dépenser un centime de plus... Ce qui vous obligera à faire des choix, mais aussi des calculs ! Pour rester dans les limites, n'hésitez donc pas à sortir votre calculatrice. Au bout d'un moment, vous serez habitué à dépenser toujours le même montant. Vous aurez donc acquis de nouveaux automatismes, tant dans votre manière de prévoir vos dépenses que dans celle de les effectuer.

Cinquième étape

LE MEILLEUR POUR LA FIN : ON REMPLIT VOS ENVELOPPES !

Pour voir comment je remplis les enveloppes, c'est ici !

Vous connaissez désormais le montant dont vous disposez par mois et par semaine. À vous de voir comment vous préférez vous organiser : soit en retirant la somme nécessaire pour le mois, soit en vous rendant au guichet chaque semaine.

Je préfère (mais c'est un choix purement personnel) tout retirer en une fois. Cela me permet d'être plus sereine, dans la mesure où je sais que je disposerai de l'argent nécessaire à toutes mes dépenses jusqu'à la fin du mois (si l'argent reste sur le compte, on peut en effet être tenté de le dépenser autrement).

*

Voici comment je procède :

- **Je retire la somme globale** nécessaire à mes dépenses **en début de mois**.
- **Je la répartis dans les différentes catégories** qui composent mes enveloppes mensuelles : Alimentation, Loisirs, Divers, Épargne, Shopping, Fonds d'urgence, Vacances, Noël, Anniversaires, Santé, Rentrée scolaire...
- **Je dispose ainsi de mon budget mensuel** pour chaque poste de dépenses.

L'équation est simple : plus de visibilité = moins de stress

Être assuré de disposer chaque semaine de la même somme pour chaque poste de dépenses, et ce jusqu'à la fin du mois, garantit une certaine sérénité. D'abord parce que l'on sait d'entrée de jeu que l'on n'a d'autre choix que celui de « faire avec ». Ensuite (et c'est une conséquence) parce que le simple fait de mettre en place ce mécanisme évite de se poser la fameuse question : « Comment je vais faire pour tenir jusqu'à la fin du mois ? »

Chaque fin de week-end, on garnit ses enveloppes et on visualise ainsi le montant exact dont on dispose pour les jours à venir. On peut alors s'organiser et commencer à prévoir la manière la plus judicieuse de dépenser sans gaspiller.

Vous allez d'ailleurs constater que l'on acquiert rapidement certains réflexes, notamment pour ce qui est de respecter son budget Alimentation (le plus conséquent car le plus indispensable). Rapidement, vous allez privilégier certains produits par rapport à d'autres, apprendre à constituer des stocks, etc. (nous allons y revenir dans les pages suivantes). Rapidement aussi, vous allez remarquer que l'effort à consentir pour respecter votre budget est bien moins difficile à produire que vous ne le pensiez.

Chaque semaine, en général en fin de week-end (afin de pouvoir commencer la semaine les « poches pleines »), je pioche, pour chaque catégorie, dans mes enveloppes mensuelles, la somme que j'ai définie pour la semaine et je la place dans l'enveloppe hebdomadaire correspondante.

Un rituel sacré

Prenez l'habitude de vous fixer chaque fin de week-end (par exemple) un petit rendez-vous avec vous-même, au cours duquel vous vous consacrerez à la répartition de vos enveloppes. Faites le point sur la semaine qui vient de s'écouler. Au début, cela vous permettra de rééquilibrer certains postes : peut-être vous rendrez-vous compte que vous avez besoin de plus pour l'alimentation, mais que vous pouvez tout à fait continuer à vous faire plaisir en dépensant moins pour vos loisirs ou le shopping...

Dans un deuxième temps, une fois que vous aurez trouvé votre rythme de croisière, ce petit rituel vous permettra de réaliser à quel point vous avancez dans la bonne direction. En tenant ainsi votre budget, vous vous apercevrez que vous êtes tout à fait capable de maîtriser vos dépenses. Remplir vos enveloppes chaque semaine vous aidera à mesurer le chemin parcouru. Vous serez – et pourrez être – fier de découvrir qu'il peut aussi rester de l'argent, ce qui sera sans doute la meilleure preuve de votre réussite. Vous ne serez pas seulement arrivé à ne pas dépenser plus : vous serez parvenu à mettre de l'argent de côté !

Comment retirer la somme nécessaire ?

Certains me demandent comment faire pour retirer au mieux les billets nécessaires au garnissage des enveloppes. Il est en effet presque impossible de disposer du nombre de coupures requises pour tomber juste dans le montant à répartir dans chaque enveloppe.

Guichet ou distributeur ? Tout dépend de vos habitudes, de votre banque… et de votre préférence en la matière. Cela peut paraître évident, mais choisissez ce qui est le plus simple et le plus pratique pour vous : cette méthode est là pour vous faciliter la vie, pas pour vous ajouter des contraintes supplémentaires.

Quelles coupures privilégier ? Je dirais qu'il est rare d'avoir le choix. Dans les distributeurs du moins… Au mieux l'écran vous propose-t-il de décider quelle majorité de billets de 10, 20 ou 50 euros vous préférez recevoir. Il est bien sûr plus facile de répartir les petites coupures. Mais si vous obtenez, par exemple, plus de billets de 50, ce n'est pas si grave. Si vous retirez la somme nécessaire pour le mois, vous vous servirez d'abord des petites coupures pour garnir vos premières enveloppes et utiliserez ensuite la monnaie pour « casser » les gros billets de l'enveloppe mensuelle. Les choses se réguleront ainsi naturellement. J'ai aussi un petit truc : au lieu de retirer la somme en une fois, il m'arrive de faire plusieurs retraits (deux ou trois), afin d'obtenir plus de petites coupures.

Que faire s'il reste de l'argent ?

Mais si, c'est possible ! Adopter cette méthode va vous permettre de changer vos habitudes. Dépenser mieux et moins vous aidera à ne plus gaspiller… et donc à pouvoir enfin commencer à épargner !

Que faire, donc, de l'argent qui n'aura pas été utilisé ? Je dirais que la réponse à cette question appartient, une fois encore, à chacun. Certains pourront choisir de le placer dans le fonds d'urgence, d'autres préféreront le laisser dans l'enveloppe hebdomadaire afin de pouvoir s'accorder un petit plus dans les jours qui viennent, d'autres encore basculeront les pièces dans une tirelire prévue à cet effet… À chacun de décider en fonction de ses besoins, ou tout simplement de son humeur ou de son envie ! Une chose est sûre : la fierté d'avoir pu et su mettre ces sous de côté sera toujours là. Et je vous promets que cette satisfaction-là est à la portée de tous !

Commencer à épargner

Souvent l'« épargne » est un mot qui fait peur : en effet, la plupart du temps, il rime avec « privation », « sacrifice » ou « gros effort ». Ce n'est pourtant pas le cas. Prévoir de mettre régulièrement quelques sous de côté constitue même le meilleur moyen de ne pas sentir passer les dépenses ponctuelles et plus importantes auxquelles il est difficile d'échapper. Cela peut concerner une panne ou des frais saisonniers comme la rentrée scolaire, mais cela touche aussi des domaines tels que les cadeaux de Noël ou d'anniversaire. Avoir anticipé ce type de dépense permet de ne pas renoncer à la joie de gâter les siens, et cela sans mettre son budget en péril, ce qui procure une double satisfaction.

Je dirais que le plus important est de commencer par définir les catégories dans lesquelles vous souhaitez épargner : j'insiste à nouveau, car c'est essentiel, que si cette méthode demande, effectivement, une certaine rigueur, elle doit avant tout s'adapter aux besoins et au mode de vie de chacun. C'est d'ailleurs pour cela qu'elle fonctionne aussi bien !

Il est donc fondamental que vous preniez le temps de vous poser pour réfléchir à la façon dont vous vivez et consommez, afin de définir ce dont vous avez besoin pour quel(s) poste(s) de dépenses. Cela vous permettra de déterminer clairement toutes les catégories où il vous faudra prévoir d'épargner.

*

Vous trouverez ci-après une liste non exhaustive des catégories les plus courantes dans lesquelles il vaut mieux anticiper. Repérez celles qui vous semblent le plus adaptées à votre mode de vie (par exemple, vous n'aurez pas les mêmes besoins si vous êtes à la tête d'une famille nombreuse ou si vous vivez seul mais entouré de plusieurs animaux de compagnie).

Prévoyez un montant à y placer chaque mois avant de commencer à garnir vos enveloppes. L'idéal est d'inclure cette somme dans votre budget dès que vous avez reçu votre paye (ou vos différentes rentrées d'argent) car au moins, la somme est bloquée. Si vous attendez la fin du mois en pensant « je verrai ça plus tard », vous aurez beau vous dire « je répartirai cet argent à la fin du mois en fonction ce qu'il me reste », vous ne le ferez sûrement pas. Il y a en effet fort à parier que si l'occasion se présente de le dépenser (sortie, achat de vêtement...), les enveloppes d'épargne auront du mal à se remplir. En bloquant la somme, vous êtes sûr de ne pas l'utiliser.

Alors, bien sûr, vous ne pourrez peut-être pas mettre de l'argent tous les mois dans chacune de ces enveloppes, mais ce n'est pas grave puisqu'elles ne concernent pas directement votre quotidien. Je vous conseille, par exemple, d'en choisir deux chaque mois dans lesquelles vous répartirez le montant que vous avez alloué à l'épargne et d'alterner. Vous pouvez aussi décider de placer dans certaines « enveloppes d'anticipation » le montant qu'il reste parfois à la fin de la semaine dans l'une ou l'autre des catégories quotidiennes.

Le fonds d'urgence

La première épargne à constituer concerne le fonds d'urgence. Je vous conseille de choisir systématiquement cette enveloppe parmi celles à garnir. Pas besoin d'y placer un montant plus conséquent que les autres, mais on ne sait jamais ce qui peut arriver : une machine à laver qui tombe en panne, un problème de voiture, des frais dentaires ou d'optique à avancer ou à payer... La liste des imprévus est longue et mieux vaut justement avoir pris la peine d'en anticiper quelques-uns.

Je vous assure que vous pouvez parfaitement y arriver, et ce quelles que soient vos ressources.

Je reçois régulièrement des messages de salariés aux revenus confortables, tout comme j'en reçois de personnes qui perçoivent le RSA. Tous parviennent à mettre de l'argent de côté. Bien sûr, les montants sont différents, mais le mécanisme reste le même. La gestion du budget concerne tout le monde, il faut juste adapter les montants et les catégories pour faire en fonction de soi. Le quotidien devient alors plus facile à gérer. J'ai des retours d'utilisateurs très différents, avec des revenus qui le sont tout autant. Et je vous promets que tout le monde, quelles que soient ses ressources, parvient à rééquilibrer ses comptes.

Les différentes catégories d'épargne possibles

À NOTER J'ai volontairement sorti le fonds d'urgence des propositions car il me semble indispensable, donc à placer dans une catégorie à part. L'idéal est d'y glisser de l'argent dès qu'on le peut : les dépenses générées par les imprévus seront ainsi toujours moins importantes que si l'on se retrouvait pris au dépourvu.

Vacances

Noël

Anniversaires

Santé (la Sécurité sociale et la mutuelle ne remboursent pas tout)

Shopping (chez nous, nous avons une enveloppe par personne)

Rentrée scolaire

Vétérinaire

Réparation voiture

Hygiène et beauté

Coiffeur

Travaux

Vous avez maintenant compris et mis en place le mécanisme qui vous permettra de gagner de l'argent. Nous allons maintenant voir comment l'entretenir.

LA MÉTHODE DES ENVELOPPES AU JOUR LE JOUR :

COMMENT TENIR SUR LA LONGUEUR

Vous savez désormais de combien vous disposez pour chacun de vos postes de dépenses. Vous allez donc commencer à retrouver votre équilibre budgétaire en gérant mieux votre argent. Mais ce n'est pas tout. Peu à peu, vous allez découvrir et mettre en place tout un ensemble d'habitudes qui vous aideront à consommer mieux et différemment… et qui contribueront ainsi à vous faire économiser encore plus.

Il existe tout un tas de trucs et d'astuces qui permettent de dépenser moins de façon tout à fait indolore. Je vais vous expliquer comment les mettre en place pour vivre un quotidien plus malin… et plus serein.

Ce qui est bien avec les enveloppes, c'est qu'on voit réellement ses objectifs se rapprocher. L'avantage de cette méthode est qu'elle rend tout plus concret.

Le fait d'avoir l'argent dans les mains matérialise vraiment la dépense, contrairement à la carte bleue. Je réinsiste d'ailleurs sur le fait de veiller à toujours sortir sans votre carte bancaire. Travailler ainsi sans filet est le secret de votre réussite. Si vous savez que vous disposez d'une marge de sécurité, vous serez tenté de dépenser plus. Attention, donc, à toujours laisser votre carte chez vous, sinon tout ce que vous avez mis en place ne servira à rien.

ET LES ACHATS EN LIGNE ?

Il est vrai qu'il est difficile de les bannir totalement. J'essaye cependant de les limiter au maximum, d'abord et surtout parce qu'une fois de plus, ils banalisent et « dématérialisent » la dépense. En fonction des achats en ligne que j'ai prévu de faire dans le mois à venir, je définis un montant sur mon budget mensuel et je le laisse sur mon compte. Du coup, je note et je suis très attentivement les dépenses que je fais de cette façon-là, afin de ne pas dépasser le montant que je me suis fixé. Mais il est vrai que d'une manière générale, j'évite le plus possible les achats sur Internet.

Exemple de tableau pour surveiller ses dépenses en ligne			
Somme dédiée aux achats en ligne pour le mois :			.... euros
Montant dépensé	Nature de la dépense	Date	Nouveau montant disponible
....	....	....	....
....	....	....	....
....	....	....	....
....	....	....	....
....	....	....	....
....	....	....	....
....	....	....	....
....	....	....	....
....	....	....	....
....	....	....	....
....	....	....	....

COMMENT FONCTIONNENT LES TRACKERS ?

Les trackers sont des fiches qui permettent de suivre ses dépenses en temps réel. **On y note**, pour une catégorie précise, **l'argent qui entre et celui qui sort**. Je les utilise notamment pour toutes mes enveloppes consacrées à l'épargne car cela me permet de toujours savoir où j'en suis. Par exemple, si j'ai décidé, ce mois-ci, de placer 20 euros dans l'enveloppe Anniversaires, je le mentionne sur le tracker glissé dans l'enveloppe Anniversaires et si j'en sors 40 euros le mois d'après parce que j'ai besoin de faire un cadeau, je l'inscris aussi. Je sais ainsi toujours de combien je dispose. Cela me permet également d'adapter mes dépenses à mon budget : si je sais que j'ai deux anniversaires prévus dans les deux mois qui viennent et que j'ai 40 euros dans l'enveloppe, je vais me débrouiller pour que le prix du premier cadeau me laisse de quoi acheter le second. Je vais peut-être aussi décider de placer de l'argent à épargner dans l'enveloppe consacrée aux anniversaires afin de pouvoir effectuer mes achats sans trop me restreindre.

Ces trackers sont très utiles pour savoir où l'on en est exactement dans chaque catégorie de dépenses. Le principe est simple : **on en place un au dos de chaque enveloppe et on y inscrit scrupuleusement la moindre dépense.** Tout ce qui entre et sort de l'enveloppe doit y être mentionné, tout comme le nouveau solde dont on dispose. Cela permet de s'organiser et d'ajuster son budget au centime près.

Voici une liste de catégories fréquemment rencontrées, libre à vous de les ajuster : Alimentation, Beauté, Vêtements, Entretien, Fonds d'urgence, Rentrée scolaire.

Pour certaines catégories d'épargne (Vacances, Noël, Anniversaires, Travaux...), vous pouvez noter la somme idéale que vous souhaiteriez atteindre.

Catégorie : ....

Somme de départ : ....

Somme idéale : ....

Date	Montant	Solde

Catégorie : ....

Somme de départ : ....

Somme idéale : ....

Date	Montant	Solde

Catégorie : ....

Somme de départ : ....

Somme idéale : ....

Date	Montant	Solde

Catégorie : ....

Somme de départ : ....

Somme idéale : ....

Date	Montant	Solde

Aujourd'hui, je n'utilise plus de trackers pour mes dépenses du quotidien car la méthode des enveloppes fait partie de ma routine budgétaire. J'ai ainsi acquis un bon nombre d'automatismes qui me permettent de m'en passer dans la vie de tous les jours puisque j'ai appris à vivre avec une certaine somme par semaine pour chaque catégorie de dépenses. Mais, attention, cela ne veut pas dire que j'aie abandonné toute discipline. Je continue quand même à noter la moindre de mes entrées et de mes sorties d'argent. Je me sers pour cela du tableau de suivi des dépenses, dans lequel j'inscris absolument tout ce que j'achète. Je continue à y attribuer une couleur par catégories, ce qui me permet d'obtenir un aperçu global et instantané de ma situation. Mon tableau est mensuel, mais je saute une ligne à la fin de chaque semaine.

Tableau de suivi des dépenses

Date	Désignation	(+)	(−)	Solde

Je réserve les trackers aux enveloppes consacrées à l'épargne car ce sont celles que je manipule (forcément) le moins fréquemment. Ce système reste en effet le plus pratique, le plus simple et le plus efficace pour connaître précisément et instantanément sa situation financière en temps réel.

Je vous conseille, pour démarrer, d'utiliser le système des trackers à placer dans chaque enveloppe. C'est d'ailleurs comme cela que j'ai moi aussi commencé. **Remplir et consulter ces trackers à chaque mouvement d'argent facilite considérablement la gestion quotidienne de son budget.**

Je vous recommande de prévoir un tracker par enveloppe, qu'elle soit mensuelle ou hebdomadaire. Cela vous permettra de connaître et de **suivre votre situation en temps réel**. Cela vous aidera aussi à adapter vos dépenses en un seul coup d'œil, sans avoir besoin d'ouvrir votre enveloppe pour compter les billets et la monnaie qu'il reste.

Chaque fois que vous rentrez chez vous, prenez donc l'habitude (il y en a pour moins d'une minute) de noter la ou les dépense(s) que vous venez d'effectuer sur le tracker correspondant et de déduire cette somme de votre montant global. Vous ne serez ainsi jamais pris au dépourvu et vous éviterez les mauvaises surprises.

Je continue, moi aussi, à m'astreindre à ce rituel. La seule différence est que je reporte aujourd'hui mes dépenses sur un tableau. Mais lorsqu'on démarre (ou si l'on préfère), le système des trackers est nettement plus facile à utiliser et pratique à consulter. **Il permet de savoir immédiatement et au centime près ce qu'il reste dans chaque catégorie.**

Vous ne serez ainsi jamais pris au dépourvu et vous éviterez les mauvaises surprises.

COMMENT ÉPARGNER DURABLEMENT

Nous l'avons vu dans la partie précédente, **anticiper les grosses dépenses** (qu'elles soient prévues ou non) **reste le secret le plus fiable pour les rendre moins douloureuses**. Si les dépenses du quotidien telles que l'alimentation ou le loyer restent en effet sensiblement les mêmes au fil des mois et demeurent à ce titre plus faciles à prévoir, d'autres se révèlent plus aléatoires parce que ponctuelles. C'est notamment le cas des dépenses saisonnières comme la rentrée scolaire, Noël ou les vacances, qui demandent souvent un effort financier plus conséquent.

Je vais ici mettre volontairement de côté le fonds d'urgence qui est, par définition, impossible à prévoir (une machine à laver peut certes montrer des signes de faiblesse mais prévient rarement avant de rendre l'âme du jour au lendemain ; des lunettes ne lancent pas de SOS avant d'être cassées, etc.). C'est pourquoi je vous recommande à nouveau fortement de prévoir régulièrement de placer une partie de la somme que vous avez envisagé d'épargner pour le mois dans l'enveloppe consacrée au fonds d'urgence. Pas besoin de vous serrer la ceinture outre mesure dans les autres catégories mais gardez juste dans un coin de la tête que pour ce qui est de cette enveloppe plus que pour toute autre, chaque centime compte. Aussi n'hésitez pas, par exemple, à y placer systématiquement une partie (même minime) de l'argent que vous pourrez épargner grâce aux défis. Cela vous permettra réellement de souffler en pensant que vous pouvez plus facilement pallier un certain nombre d'imprévus.

Le fonds d'urgence mis à part, restent donc toutes les autres catégories dans lesquelles il vaut mieux avoir anticipé. Une fois encore, l'importance à accorder à une catégorie plutôt qu'à une autre dépend du mode de vie de chacun. À vous de définir quels sont les projets pour lesquels vous souhaitez mettre de l'argent de côté.

Pour établir vos priorités, je vous propose de vous aider des questions suivantes.

Pour chaque domaine d'anticipation (Rentrée scolaire, Anniversaires, Vacances, Noël, Shopping, Santé...), relevez toutes les dépenses de l'année et étalez-les sur douze mois.

Par exemple : reprenez votre relevé de compte (ou le tracker correspondant, lorsque vous serez devenu un utilisateur régulier de la méthode) et inscrivez la somme que vous avez dépensée pour la rentrée scolaire tous équipements confondus (fournitures, vêtements, tenues et matériel sportifs...). Divisez ce chiffre par 12 pour découvrir comment l'étaler sur l'année.

Procédez de la même manière pour chaque catégorie d'anticipation.

Vos objectifs

Quels sont vos objectifs d'épargne ?

Pour quelles catégories voulez-vous épargner ?

Quel montant souhaitez-vous atteindre pour chaque catégorie ?

Vous obtiendrez alors, pour chacune d'elles, la somme qu'il vous faudrait idéalement (et j'insiste sur ce terme) placer tous les mois dans chaque enveloppe pour que les compteurs soient toujours à niveau.

Il est bien évident que ce challenge est très compliqué (voire impossible) à tenir. Aussi le résultat de ce calcul ne doit-il en aucun cas vous mettre de pression inutile. Il doit juste vous servir de base pour obtenir un aperçu assez réaliste de la somme dont vous aurez sûrement besoin le moment venu.

N'oubliez pas que chaque montant (hormis, peut-être, celui concernant la santé) reste sûrement ajustable. Utilisez donc le résultat de vos différents calculs pour découvrir quel domaine d'anticipation est le plus coûteux (donc le plus important) pour vous. Considérez ces chiffres comme une piste de réflexion et non comme une directive.

Vous pouvez inscrire cette « somme idéale » en haut du tracker glissé dans l'enveloppe d'anticipation correspondante afin de l'utiliser comme aide-mémoire pour le remplissage.

Chaque début de mois, avant de garnir vos enveloppes mensuelles, **distribuez la somme que vous avez allouée à l'épargne en fonction de vos priorités et de vos objectifs**. Puis, **à la fin de chaque semaine et de chaque mois, répartissez l'argent qu'il reste des catégories « quotidiennes » dans les différentes enveloppes d'anticipation**, là aussi en fonction de vos buts, de vos préférences ou du calendrier. Si vous avez un anniversaire prévu le mois suivant et que l'enveloppe consacrée à ce poste vous paraît un peu vide, peut-être est-il judicieux de décider d'y déposer un peu plus.

Calcul prévisionnel des enveloppes d'épargne

Catégories	Montant annuel	Montant étalé sur 12 mois
Rentrée scolaire	....	....
Anniversaires	....	....
Vacances	....	....
Noël	....	....
Shopping	....	....
Santé	....	....

IDENTIFIER VOS DÉPENSES SUPERFLUES POUR MIEUX GONFLER VOTRE ÉPARGNE

Nous l'avons vu dans la partie précédente, vous pouvez très bien vous passer de certains achats. Je vous conseille chaque fin de semaine de prendre quelques minutes afin d'effectuer une sorte de petit bilan.

Reprenez vos trackers dans les différentes catégories (et vos tickets de courses, qui comportent l'intégralité de vos emplettes) et regardez-les en détail.

Entourez ou surlignez les dépenses qui vous semblent aujourd'hui superflues. Le but n'est pas de vous faire culpabiliser mais de vous donner un aperçu des efforts minimes que vous pourrez faire la semaine d'après, afin de placer ces quelques euros économisés dans l'une ou l'autre des enveloppes d'épargne. En renonçant, par exemple, à ce paquet de gâteaux ou à ce deuxième café matinal avec vos collègues, vous pourrez alimenter votre enveloppe Shopping ou améliorer un peu plus votre budget Vacances. Posez-vous la question en ces termes : qu'est-ce qui est le plus important ? Cette marque précise de céréales ou l'équivalent de son prix utilisé pour participer à un petit resto en famille lors des prochains congés ?

Il n'y a pas de petites économies et l'essentiel est de définir vos priorités. On consent mieux à certains efforts lorsqu'on sait pourquoi on les fait. L'objectif n'est pas de vous priver mais au contraire de prévoir de quoi vous permettre ces petits extras qui font le sel de l'existence.

Objectif motivation

La liste de mes envies

Il est plus facile de rester motivé lorsqu'on a un but précis : un voyage ou un week-end, un objet de décoration que l'on a repéré, une surprise que l'on aimerait mettre en place… La liste est longue de ce que l'on peut souhaiter faire. Alors, pour vous aider à rester mobilisé, je vous propose de définir clairement pourquoi vous faites des efforts.

Quels sont mes objectifs et mes envies à court terme (resto, vêtement repéré, etc.) ?

Quels sont mes objectifs et mes envies à long terme ? (Cela concerne des sommes plus conséquentes telles qu'un voyage, l'achat d'un nouveau téléphone, etc.)

Classez maintenant ces projets en fonction de leur importance, en commençant par celui qui vous tient le plus à cœur.

Dans la deuxième colonne, **prévoyez la somme** qu'il vous faudrait **pour réaliser cet objectif**.

Dans la dernière colonne, **actualisez le total de ce que vous avez réussi à mettre de côté** pour atteindre votre but.

Sachez que vous pouvez très bien utiliser l'argent récolté lors des défis et celui que vous n'aurez pas dépensé dans la semaine pour venir grossir ces budgets.

Visualiser concrètement votre progression sera la meilleure motivation pour continuer !

Mes projets	Somme à prévoir	Montant atteint
....	....	....
....	....	....
....	....	....
....	....	....
....	....	....
....	....	....
....	....	....
....	....	....
....	....	....
....	....	....
....	....	....
....	....	....
....	....	....
....	....	....
....	....	....

LES COURSES

Après les charges fixes, le budget le plus important est celui des courses. Nous sommes quatre et nous avons un budget Alimentation de 400 euros par mois. Il m'est très souvent demandé comment je fais car cela semble peu.

Avant d'appliquer cette méthode, je faisais les courses plusieurs fois par semaine et j'achetais sans vraiment regarder. Quand je me suis penchée sur le sujet, je me suis rendu compte que nous dépensions plus de 600 euros chaque mois. Cela m'a paru énorme ! Alors je me suis organisée pour « récupérer » ces 200 euros.

Je m'étais fixé pour objectif d'aller faire les courses une fois par semaine. Il fallait donc que je fasse un plan. D'après plusieurs lectures, il semblait qu'il faille compter 100 euros mensuels par tête pour un foyer composé de quatre personnes, soit 400 euros par mois.

Dans un premier temps **j'ai fait le tri dans mes provisions** (chose que je n'avais pas faite depuis un moment). J'ai vérifié les dates de péremption, jeté ce qui n'était plus bon et rangé le reste par catégories en plaçant devant ce qui se périmait en premier.

Ensuite **j'ai répertorié ce que nous mangions** et j'ai commencé à **constituer un stock**. Chaque fois que j'allais faire les courses, je prenais deux sachets de pâtes au lieu d'un, deux paquets de riz, etc., en m'arrangeant, bien sûr, pour que tout cela entre dans mon budget.

J'ai aussi décidé d'organiser nos repas. J'ai débuté en essayant le *batch cooking*, c'est-à-dire en m'astreignant à confectionner, chaque dimanche, les plats pour toute la semaine. Ce moyen de procéder se révèle efficace mais contraignant. Je le fais encore de temps en temps. L'idée qui s'est pourtant dégagée est celle de la nécessité d'établir un menu afin de « border » ses dépenses. C'est la clé pour éviter le gaspillage. Chaque fin de semaine, j'établis donc les menus des jours à venir. Au début, on se creuse un peu la tête, mais cela devient très vite amusant, d'autant qu'à force d'appliquer la méthode, on devient rapidement capable d'estimer à combien reviendra chaque préparation.

Une fois le menu établi, place à la liste de courses (nous allons voir comment l'optimiser). Bien sûr, le plus important et aussi le plus difficile sera de s'y tenir. Mais les économies réalisées grâce à ces différentes petites actions sont tellement considérables que le jeu en vaut largement la chandelle.

À BAS LE GASPILLAGE !

Les aliments que j'ai retrouvés périmés
(ce sont donc sûrement ceux que je consomme le moins)

Les aliments que je consomme/que nous consommons le plus

Les produits à stocker (à définir selon mes habitudes de consommation)

VOS HABITUDES D'ACHAT

1. À quelle fréquence allez-vous faire vos courses ?

2. Observez votre dernier ticket de caisse. Pour combien en avez-vous eu d'aliments de base ?

3. Sur le même ticket, pour combien en avez-vous eu en achats spontanés ?

4. Votre panier contient-il plus d'aliments de base ou plus d'achats spontanés ?

5. Y a-t-il des aliments qui se sont retrouvés à la poubelle ? Lesquels ?

6. En avez-vous eu assez pour faire des repas complets toute la semaine ?

MON MENU DE LA SEMAINE

Lundi

Coût estimé : .... euros

Mardi

Coût estimé : .... euros

Mercredi

Coût estimé : .... euros

Jeudi

Coût estimé : .... euros

Vendredi

Coût estimé : .... euros

Samedi

Coût estimé : .... euros

Dimanche

Coût estimé : .... euros

MISSION COURSES : COMMENT TENIR LE CAP

Dans les moments à risque au niveau du budget, celui des courses reste classé rouge. Beaucoup de tentations se cachent dans les rayons et des promos pas toujours rentables font les belles en tête de gondole.

Bref, faire ses courses n'est pas une mission si facile que ça. Heureusement, vous pouvez éviter les pièges avec un minimum d'entraînement et un peu d'organisation.

Avant de partir

Pour commencer, **établissez soigneusement votre liste de courses**. Cela peut sembler évident, mais encore faut-il connaître quelques trucs pour apprendre à la faire dans les règles de l'art.

Notez les ingrédients nécessaires aux recettes que vous avez prévu de « batch cooker » ou ceux dont vous aurez besoin pour cuisiner vos menus de la semaine. **Essayez d'être le plus exhaustif possible :** plus vous serez précis, plus vous aurez « balisé » le terrain, et moins vous serez tenté de sortir des clous. Je note absolument tout, même le sel ou les piles.

Classez ensuite les éléments de votre liste par rayons : cela vous évitera les déplacements inutiles (et dangereux !) à travers les allées. Pour ne pas vous perdre (et vous égarer financièrement), mieux vaut éviter de passer à travers les rayons « vêtements » ou « gâteaux » parce que vous avez zappé le papier toilette à l'entrée du magasin.

Dans la mesure du possible, **faites toujours vos courses au même endroit**. Évoluer en terrain connu limitera là aussi le risque d'égarement. En sachant où se trouve chaque produit, vous irez droit à l'essentiel, sans traîner ou tourner en rond pour atteindre ce que vous avez prévu d'acheter.

Pour être encore plus efficace, n'hésitez pas non plus à établir votre liste en fonction du trajet que vous avez l'habitude d'emprunter dans le magasin : en commençant par les rayons proches de l'entrée puis en avançant de façon logique et chronologique jusqu'à ceux qui sont situés près des caisses.

Enfin, **ne partez qu'avec le budget défini :** cela reste le meilleur moyen de ne pas dépasser ce que vous comptez dépenser.

MA LISTE BRUTE

Notez ici pêle-mêle tous les produits dont vous avez besoin.

MA LISTE ORGANISÉE

Regroupez maintenant les produits par rayons, en essayant de commencer par ceux qui se trouvent à l'entrée et en continuant par ceux qui jalonnent votre parcours habituel dans le magasin.

Une fois sur place

Il ne vous viendrait pas à l'idée de partir pour une course de fond (ou d'endurance...) le ventre vide. Eh bien, c'est exactement la même chose lorsqu'il s'agit de faire vos courses. Parcourir les rayons bourrés de tentations sans y succomber lorsqu'on a faim reste en effet bien plus difficile que lorsqu'on s'y promène le ventre bien rempli. C'est logique : on est moins tenté de craquer lorsque son estomac ne crie pas famine. Si l'on en croit certaines études scientifiques (eh oui : carrément !), l'heure idéale pour partir remplir son chariot se situerait entre 13 et 16 heures : après le déjeuner... et avant le goûter ! Mais bon, cela reste théorique. En fait, le mieux est de partir faire vos courses à un moment où vous n'êtes ni trop pressé (pour éviter d'acheter n'importe quoi en urgence), ni trop « large » (pour éviter de traîner et de craquer sur des bêtises).

Trop beaux pour être honnêtes

Méfiez-vous des promos trop alléchantes et des prix trop beaux pour être vrais. Soyons honnêtes : la plupart du temps, il reste rentable de céder à la tentation des « offres spéciales », et même d'en profiter pour constituer quelques stocks.

Mais attention : parfois les fameux « lots-cadeaux » de type « un offert pour deux achetés » restent surtout une bonne affaire pour le magasin, dans la mesure où le prix à l'unité des produits a été quelque peu augmenté.

Petit truc

Si la promo concerne un article que vous avez l'habitude d'acheter, il vous suffit de regarder le prix à l'unité indiqué en petit sur l'étiquette promotionnelle pour vous rendre compte si la remise vaut le coup ou non. Parfois il reste plus intéressant de se contenter d'un flacon de lessive si son prix à l'unité est inférieur à celui proposé dans le lot (il sera toujours temps d'en racheter lorsque vous n'en aurez plus).

Vous prendrez bien une scanette ?

De plus en plus de supermarchés mettent à disposition ces petits boîtiers censés faire gagner du temps lors du passage en caisse. Ils peuvent se montrer utiles sur un autre point, en vous aidant à tenir le budget fixé. Si vous êtes courageux (et patient !), vous pouvez en effet décider d'additionner le prix de chaque produit mis dans votre chariot… Mais vous avez sûrement mieux à faire… La scanette permet de savoir en temps réel où vous en êtes, et ce au centime près. De quoi vous autoriser un petit plus si vous êtes « large » ou de reposer au contraire ce qui n'est pas vraiment indispensable.

Si la réduction porte sur des produits que vous achetez moins souvent (ou pas du tout parce qu'ils ne font pas partie de vos marques préférées, par exemple), il existe une autre astuce. Elle reste d'ailleurs valable quels que soient les articles devant lesquels vous hésitez : c'est de **comparer les chiffres au kilo ou au litre**. Ce critère doit devenir votre unique référence car c'est le seul qui soit parfaitement objectif. La ruse utilisée par certains fabricants qui consiste à conserver le même prix de vente pour des paquets passés d'un kilo à 750 grammes est désormais de notoriété publique… Mieux vaut donc faire attention.

Tenez bon aussi en passant devant les bacs des produits bradés pour cause de date de péremption courte. On est d'accord, cela peut être très intéressant. Mais à une condition : que vous ayez réellement besoin de ce qui est proposé. Oui pour des blancs de poulet affichés 30 % moins chers, mais à voir pour une pizza, même à 50 % de son prix, si vous ne l'avez pas prévue (et qui peut vous revenir encore moins cher si vous la confectionnez vous-même…).

Mon défi courses

Je repose un produit dont je n'ai pas réellement besoin cette semaine.

En rentrant

Vous l'avez sûrement compris, pour économiser, mieux vaut faire preuve d'un minimum d'organisation. Cela reste valable pour les « retours de courses ». **Lorsque vous rangerez vos produits, prenez donc garde à placer derrière ceux que vous venez d'acheter**, et qui, en toute logique, se périment après ceux qui se trouvent déjà dans vos placards ou dans votre frigo. Vous devez **toujours avoir une visibilité sur ce dont vous disposez**. Si ce n'est pas le cas, vous courez en effet le risque d'oublier certains aliments... et donc de les jeter (ce qui revient à jeter votre argent...).

Les stocks

Pour éviter les doublons (et donc le gaspillage), mieux vaut savoir ce que l'on a déjà. Régulièrement, **pensez donc à faire l'inventaire de vos stocks**. Congélateur, placards, frigo... regardez partout ! Amusez-vous ensuite à réfléchir à des idées de repas composés à partir de cette réserve. Cela peut, par exemple, vous permettre d'épargner cette semaine une partie du budget Alimentation. C'est aussi un bon moyen de ne pas gaspiller : après tout, les stocks sont faits pour être utilisés !

J'ai constitué une petite réserve alimentaire de produits de base. Elle contient des pâtes, du riz, de la semoule, des lentilles, des pois chiches, des petits pois en bocal, de la macédoine... Elle n'est pas énorme mais largement suffisante pour avoir de quoi tenir pendant au moins deux semaines sans faire de courses si jamais nous devons faire face à un gros imprévu. Ce seraient certes des repas très simples mais qui resteraient tout à fait corrects... et cela me rassure !

Pour l'entretenir, j'achète, chaque fois que je fais les courses, des articles pour ce fameux stock grâce auquel je ne dépasse jamais mon budget !

Parmi mes autres astuces, je fais aussi mes achats de viande en gros directement auprès d'un producteur pour remplir mon congélateur. J'effectue cette dépense une semaine où je n'ai besoin de presque rien... Comme ça je suis tranquille durant deux-trois mois sur ce poste-là.

Comment optimiser votre réfrigérateur

Dans un réfrigérateur, la température n'est pas uniforme. Selon le modèle, la zone la plus froide se situe soit en haut, soit en bas. Dans cet exemple, nous considérerons que la partie la plus froide se trouve en bas.

1 Dans la porte, entre 6 et 8 °C : boissons, œufs, condiments, beurre, confiture

2 En haut, entre 4 °C et 6 °C : yaourts, fromages, préparations maison, légumes et fruits cuits, viandes et poissons cuits

3 En bas, entre 0 °C et 4 °C : viande, poisson, charcuterie, plats préparés, crème, produits en cours de décongélation, produits entamés, fromages au lait cru

4 Dans le bac à légumes, 7-8 °C : fruits et légumes frais

Et n'oubliez pas de déplacer les produits aux dates de péremption les plus courtes pour les mettre devant !

Pour résumer

1. On dresse un inventaire précis de ses stocks.

2. On établit les menus de la semaine.

3. On fait une liste de courses la plus détaillée possible et on l'organise.

4. On prévoit un produit pour le stock lorsqu'on fait ses courses.

5. On se tient à sa liste.

6. On range ce que l'on vient d'acheter en ramenant au premier plan les produits les plus anciens qui se périment les premiers.

7. On ne retourne pas au supermarché avant la semaine d'après. (Si l'on fait bien sa liste de courses, on s'y tient et on fait avec ce qu'on a à la maison !)

LE *HOME MADE*

Cuisiner reste le meilleur moyen de faire des économies. Pour le vérifier, il suffit de comparer le prix de revient d'une recette à celui du même plat acheté tout fait ! Je l'ai d'ailleurs expérimenté en décidant de remplacer les petits déjeuners et goûters industriels par des gâteaux et des viennoiseries que je confectionne moi-même. Pas besoin d'être un chef étoilé pour cela, ni d'y consacrer l'intégralité de ses soirées. Il existe tout un tas de recettes simples, rapides et efficaces, que l'on trouve facilement sur Internet.

Pour économiser du temps et de l'argent, vous pouvez aussi tester ces astuces antigaspi :

→ Prévoyez de **cuisiner un peu plus** afin de congeler ce qui reste pour pouvoir le ressortir un soir de « flemme ».

→ **Servez-vous de ces mêmes restes comme base pour de nouveaux plats.** Par exemple, un surplus de viande peut s'utiliser dans une quiche ou se hacher pour réaliser un hachis parmentier. Un reste de légumes peut se mixer pour devenir une sauce ou enrichir une soupe, une purée ou un gratin... La plupart des restes peuvent aussi servir de garniture à des tourtes, tartes ou pizzas... Des fruits trop mûrs peuvent remplacer le sucre dans certains gâteaux ou se transformer en compote ou en garniture de tarte. À vous de laisser libre cours à votre imagination.

→ Si vous achetez des fruits ou légumes bio, **utilisez les fanes et les épluchures pour réaliser des bouillons**, des soupes et même des chips. On trouve de nombreuses recettes qui permettent de recycler ainsi ce qu'on a pris, à tort, l'habitude de jeter. Le bio devient ainsi plus économique puisqu'on ne jette rien.

*

Franchement, cuisiner n'est pas si compliqué. Au fur et à mesure que l'on prend l'habitude de confectionner ses plats soi-même, cela devient même vite un jeu. **Si vous êtes débutant en la matière, appuyez-vous sur des recettes fétiches que vous déclinerez** : de simples pâtes peuvent, par exemple, servir de base à tout un tas de préparations, il suffit d'y incorporer de la viande, des légumes, du poisson... bref, à peu près tout ce qu'on a sous la main. Petit à petit, on prend confiance et on teste de nouvelles choses. Dans ce domaine, comme dans tant d'autres, cela reste une question d'habitude !

Au placard !
Osez le vide-dressing

Les vêtements constituent eux aussi un poste de dépenses assez conséquent, surtout si l'on a des enfants qui grandissent trop vite ! Il n'est à ce titre pas toujours facile d'attendre les soldes pour renouveler ou compléter sa garde-robe. Pour les petits comme pour les grands, l'achat d'articles de seconde main se révèle donc souvent intéressant. Avec la vogue de l'*upcycling*, il est de plus en plus facile de dénicher des bons plans pour s'habiller de cette façon. Vous pouvez profiter de cette tendance pour revendre vous aussi les pièces que vous, votre conjoint et vos enfants ne portez plus. Il existe, bien sûr, des sites consacrés à ce type d'opération et de nombreuses brocantes, braderies ou autres vide-greniers. Rien ne vous empêche, en plus, d'organiser un « placard des copines » avec vos amies ou vos voisines : il suffit de définir un lieu (le plus souvent chez l'une d'entre vous) et de demander à chacune d'apporter les vêtements que les différents membres de sa famille ne portent plus. Aucun mouvement d'argent : chacun vient avec ce qui encombrait ses placards et repart avec de quoi y déposer de nouvelles choses. Un peu comme un shopping gratuit qui permettrait de faire du tri !

*

Les habits ne sont pas les seuls à pouvoir aspirer à une seconde vie : les meubles, les objets de déco, et plus généralement tout ce qui ne vous sert plus, peuvent ainsi vous permettre de gagner quelques euros. Tout se recycle et rien ne se perd !

Trouver d'autres types de loisirs

Il n'est pas nécessaire de dépenser des mille et des cents pour s'amuser. Ce n'est pas parce qu'on n'a pas ou peu d'argent qu'il faut s'interdire de passer de bons moments en famille ou entre amis. Que vous habitiez à la ville ou à la campagne, il existe sûrement tout un tas de belles balades à faire près de chez vous, à pied ou à vélo. Quelle que soit la région dans laquelle on vit, Internet regorge d'idées de parcours ou d'expos gratuites.

Un goûter pris au bord d'un lac, le ramassage de châtaignes ou de feuilles rigolotes dans une forêt, un herbier ou un terrarium à créer en famille, une balade, un pique-nique, des ateliers manuels à faire avec des objets à recycler, un après-midi entre amis avec les enfants dans un parc... il existe bon nombre d'occupations pour petits et grands qui ne coûtent (presque) rien. Certaines peuvent même vous « rapporter ». Je pense notamment au système de glanage, qui se répand de plus en plus : il s'agit d'aller ramasser gratuitement les fruits ou légumes laissés dans un champ après la récolte (succès souvent garanti auprès des enfants qui seront alors beaucoup plus enclins à déguster ensuite les fruits et légumes qu'ils auront eux-mêmes été chercher !).

*

Je suis sûre qu'en consommant différemment, grâce au système des enveloppes, vous allez découvrir ou redécouvrir ces nouvelles façons de profiter de vos loisirs. Que l'on soit riche ou moins riche, le plus important reste d'être et de faire ensemble, avec les gens que l'on aime… Et pas besoin d'avoir un portefeuille bien garni pour profiter pleinement des siens et de l'environnement dans lequel on vit.

La tirelire

J'ai pris l'habitude de déposer dans une tirelire, quand je le peux, la monnaie qu'il me reste chaque semaine. Ce qui est amusant et stimulant, c'est de voir que ce geste qui ne coûte pas grand-chose peut, au final, rapporter gros. Les petites pièces finissent par faire les grands montants !
J'ai décidé (mais c'est un choix purement personnel) de n'y déposer que des pièces de 1 et de 2 euros et de 50 centimes. Cette façon de procéder est à la fois ludique et excitante car, au final, la somme grimpe assez vite. J'ai ainsi pu mettre de côté 500 euros en un an sans que cela ne me coûte trop d'efforts.
La somme ainsi économisée peut être utilisée de plusieurs manières, notamment pour venir grossir les différents budgets consacrés à l'épargne.
Alors comment transformer ces pièces en épargne sans alourdir (au sens propre) ses diverses enveloppes ou se fâcher avec son banquier ?
Je procède de deux manières :
Certaines enseignes de supermarchés proposent d'**échanger ses pièces contre des bons d'achat** : on peut alors dispatcher le budget Courses correspondant dans les enveloppes d'épargne.
Certaines banques permettent aussi de **déposer directement toute cette monnaie sur son compte** grâce à une machine spéciale.

LES DÉFIS

Relever (et réussir !) ces petits challenges reste sûrement le moyen le plus fun de mettre de l'argent de côté. Cela vous permet de rester mobilisé… et d'être fier d'avoir réussi la mission que vous vous étiez fixée !

DÉFI 5 €

5 €	5 €	5 €	5 €	5 €	5 €	5 €	5 €
5 €	5 €	5 €	5 €	5 €	5 €	5 €	5 €
5 €	5 €	5 €	5 €	5 €	5 €	5 €	5 €
5 €	5 €	5 €	5 €	5 €	5 €	5 €	5 €
5 €	5 €	5 €	5 €	5 €	5 €	5 €	5 €
5 €	5 €	5 €	5 €	5 €	5 €	5 €	5 €
5 €	5 €	5 €	5 €	5 €	5 €	5 €	5 €

SEMAINE zéro DÉPENSE

Prévoyez cette semaine en avance afin de pouvoir vous organiser.
Le but est de ne rien dépenser en vivant sur vos stocks
et en en profitant, par exemple, pour vider votre congélateur.
Cela vous permettra de répartir comme bon vous semble la somme
ainsi économisée dans vos différentes enveloppes d'épargne.

Montant économisé : ....

DÉFI 4 SEMAINES

1 ☐ Je fais une semaine vide-placards.

2 ☐ Je mets 20 euros dans l'enveloppe d'épargne de mon choix.

3 ☐ Je mets 2 euros par jour dans l'enveloppe d'épargne de mon choix.

4 ☐ Je fais une semaine sans shopping.

DÉFI 1 mission PAR SEMAINE

1 ☐ Je glisse 10 % de mon budget de la semaine dans l'enveloppe d'épargne de mon choix.

2 ☐ Je fais une semaine vide-placards et congélateur.

3 ☐ Je mets l'équivalent de ma pointure dans l'enveloppe d'épargne de mon choix.

4 ☐ Je dépose 20 euros dans l'enveloppe d'épargne de mon choix.

5 ☐ Je verse 10 % de mon budget Loisirs dans l'enveloppe d'épargne de mon choix.

DÉFI 10 €

10 €	10 €	10 €	10 €	10 €	10 €	10 €	10 €
10 €	10 €	10 €	10 €	10 €	10 €	10 €	10 €
10 €	10 €	10 €	10 €	10 €	10 €	10 €	10 €
10 €	10 €	10 €	10 €	10 €	10 €	10 €	10 €
10 €	10 €	10 €	10 €	10 €	10 €	10 €	10 €
10 €	10 €	10 €	10 €	10 €	10 €	10 €	10 €
10 €	10 €	10 €	10 €	10 €	10 €	10 €	10 €

DÉFI 375 €

25 €	25 €	25 €
25 €	25 €	25 €
25 €	25 €	25 €
25 €	25 €	25 €
25 €	25 €	25 €

DÉFI 5 SEMAINES

1 ☐ Je conserve toute ma monnaie de la semaine.

2 ☐ Je convertis l'équivalent de mon âge en argent.

3 ☐ Je garde 30 euros de mon budget de la semaine.

4 ☐ Je convertis mon numéro de département en argent.

5 ☐ J'économise 20 euros sur mon budget de la semaine.

DÉFI DE NOËL 360 €

30 €	30 €	30 €
30 €	30 €	30 €
30 €	30 €	30 €
30 €	30 €	30 €

MON DÉFI DU MOIS

Choisissez chaque mois parmi ces défis celui que vous souhaitez relever.
Placez ensuite les sommes économisées dans l'enveloppe d'épargne de votre choix.

Je fais un mois zéro shopping et je mets de côté la somme économisée.

Je fais une semaine zéro dépense.

Je mesure 1 mètre 60 ? Je mets 60 euros dans l'enveloppe.

Je glisse 10 euros dans l'enveloppe tous les lundis.

Je fais une semaine zéro dépense.

J'extrais 10 euros de chaque enveloppe mensuelle

Je dépose 10 % de mon budget Courses dans l'enveloppe.

Je transforme ma taille de vêtements en euros.

Je « sauve » 20 euros par semaine.

Je dépose 10 euros par semaine dans l'enveloppe.

Je dépose 1 euro par jour dans l'enveloppe.

Je convertis mon jour de naissance en euros dans l'enveloppe.

Je transforme le dernier chiffre de mon numéro de téléphone en euros.

Je convertis mon numéro de rue en euros. Par exemple, j'habite au 7 : je mets 7 euros dans l'enveloppe.

Je divise mon budget Loisirs par deux.

Je mets de côté toute ma petite monnaie.

Conclusion

Vous avez maintenant tous les outils en main pour vous réconcilier avec votre budget. Et je vous assure que vous allez y arriver !
Si je suis aussi sûre de moi, c'est que je reçois chaque jour de nouveaux témoignages qui me racontent à quel point il est possible et facile de réussir.
Dans ce livre, j'ai voulu mettre ma méthode à la portée de tous. J'ai souhaité que tout le monde puisse se rendre compte que le découvert et les fins de mois difficiles ne sont pas une fatalité. Je sais, pour l'avoir moi-même adopté depuis plusieurs années déjà, que le système des enveloppes est une recette qui marche.

À vous de jouer, maintenant !

Je ne vous « lâche » pas. Vous pouvez continuer à suivre mes conseils, mes défis, mes astuces, sur mon site ou sur les réseaux.

https://www.luniversdangeline.fr

YouTube @luniversdangeline4853

@luniversdangeline

@luniversdangeline

Vous allez voir,
ça ira mieux à la fin du mois !

58, rue Jean-Bleuzen • 92178 Vanves Cedex

Pour l'éditeur, le principe est d'utiliser des papiers composés de fibres naturelles, renouvelables, recyclables et fabriqués à partir de bois issus de forêts qui adoptent un système d'aménagement durable. En outre, l'éditeur attend de ses fournisseurs de papier qu'ils s'inscrivent dans une démarche de certification environnementale reconnue.

Direction : Catherine Saunier-Talec
Responsable éditoriale : Lisa Grall
Responsables de projet : Florine Marguin et Maïa Biegatch
Édition : Marie Tourat
Rédaction : Sabine Duhamel, d'après « l'univers d'Ange Line » d'Angélique Aufrere
Illustrations : QueenMama (@queenmamastyle)
Rèsponsable artistique : Cecilia Rehbinder
Mise en page : Audrey Izern
Fabrication : Amélie Latsch
Responsable partenariats : Dana Lichiardopol (dichiardopol@hachette-livre.fr)

Dépôt légal : août 2023
68-6513-6/01
ISBN : 978-2-01-723430-2
Imprimé en Chine par LPP